StressBalance

DIE AUTOREN

Rudi Ballreich, M.A.
Langjährige Tätigkeit als Lehrer, seit 1994 tätig als Gestalt-Psychotherapeut, Organisationsberater, Managementtrainer und Wirtschaftsmediator. Co-Leiter des Masterstudienganges „Wirtschaftsmediation“ am IKF in Luzern. Gesellschafter der Trigon Entwicklungsberatung München.

Wolfgang Held,
Astronom und Publizist, Dornach/Schweiz. Seit 14 Jahren an der Mathematisch-Astronomischen Sektion des Goetheanums tätig. Autor des bekannten Buchs “Die Sonnenfinsternis am 11.August 1999” und Herausgeber des jährlichen Sternkalenders.

Professor Dr. med. **Matthias Leschke**,
Chefarzt der Klinik für Kardiologie, Pneumologie und Angiologie, Ärztlicher Direktor des Klinikums Esslingen am Neckar.

Im Interview: Dr. med. **Frank Meyer**, Nürnberg. Facharzt für Allgemeinmedizin. Klassische Naturheilverfahren, anthroposophische Medizin, Misteltherapie, Akupunktur und Tibetische Medizin - *Das Interview führte Christoph Möldner.*

Stress

WEGE ZU MEHR LEBENSQUALITÄT

Balance

Beiträge von: Rudi Ballreich, Wolfgang Held,
Matthias Leschke, Frank Meyer

GESUNDHEITS-
PFLEGE initiativ
Gemeinnützige
Bildungsgesellschaft mbH
Esslingen am Neckar

Bibliografische Information Der Deutschen Bibliothek
Die Deutsche Bibliothek verzeichnet diese Publikation in der Deutschen Nationalbibliografie; detaillierte bibliografische Daten sind im Internet über <http://dnb.ddb.de> abrufbar.

Gedruckt auf umweltfreundlichem, chlorfrei gebleichtem Papier

gemeinnützige Bildungsgesellschaft mbH
Paracelsusstraße 33, D-73730 Esslingen
http://www.gesundheitspflege.de
http://www.maennerleben.com

Umschlaggestaltung, Grafiken, Satz: PRmed-Consulting, Esslingen
Fotos: Titelseite: Andreas Bräuer, Rückseite: Silwen Randebrock
Druck: Druckerei Steinmeier, Nördlingen

ISBN 978-3-932161-65-0

INHALT

Rudi Ballreich

Wege aus der Stressfalle

Vorbemerkung

Stress ist auch für mich persönlich allgegenwärtig, obwohl ich mich seit vielen Jahren damit beschäftige und Seminare darüber abhalte. Dennoch gerate ich immer wieder in Situationen, in denen ich mich frage: „Warum bin ich jetzt eigentlich so angespannt, so gestresst?" Die Beschäftigung mit dem Thema und das Bemühen, Stress zu verstehen, sind eben noch lange nicht gleichbedeutend damit, ihn immer vermeiden zu können. Warum ist das so? Im Laufe der nachfolgenden Darstellungen möchte ich zeigen, dass Stress damit zu tun hat, wie ein Mensch lebt, wie er mit den Dingen umgeht, die auf ihn zukommen, und wie er mit sich selber umgeht. Das zu verändern ist nicht etwas, was man durch ein Buch oder einen Vortrag schnell hinbekommt, sondern das ist eine lebenslange Aufgabe. Der Umgang mit Stress ist eine Frage der Selbsterziehung bzw. der Selbstführung. Im Gegensatz zu den meisten Darstellungen über Stress beschreibe ich deshalb die neurobiologischen Vorgänge nur am Rande. Mir geht es vor allem darum, die seelischen Prozesse, die sich bei der Entstehung von Stress abspielen, differenziert zu betrachten, denn in meinen Augen ist der zentrale Ansatz bei der Bewältigung von Stress, dass das bewusste und besonnene Ich die treibenden und automatisch wirkenden Emotionen bemerkt und Verantwortung für das eigene Verhalten und die eigene Gesundheit übernimmt. Weil sich das Stressgeschehen sowohl in unserem Körper als auch in unseren Gefühlen und in unserem Geist abspielt, erscheint es mir wichtig, diese unterschiedlichen Erlebnisebenen zu beschreiben und auch entsprechende Wege aus dem Stress zu zeigen.

Die folgenden Darstellungen über Stress basieren auf Vorträgen, die ich in den letzten Jahren an verschiedenen Orten, auch bei MännerLeben® in Stuttgart 2008, gehalten habe. Manchmal standen mehr die Vorgänge bei der Stressentstehung, manchmal mehr Übungen zur Stressbewältigung im Vordergrund. Bei der Bearbeitung habe ich den Vortragsstil beibehalten, an einigen Stellen aber Ergänzungen und Präzisierungen eingefügt. Manche Themen sind genauer ausgeführt, andere nur angedeutet. Für manche Übung wäre eigentlich eine Demonstration und gemeinsames Üben hilfreich.
Ich wünsche Ihnen, liebe Leser und liebe Leserinnen, viele Anregungen für die eigene Selbsterkenntnis und für den konstruktiven Umgang mit Stress-Situationen!

1. WAS BRINGT UNS IN STRESS?

Viele Menschen klagen darüber, dass sie im Stress sind, weil sie so viel zu tun haben. Bei genauerem Hinsehen zeigt sich aber, dass nicht nur äußere, sondern auch innere Faktoren für das Stress-Erleben verantwortlich sind.

Äussere Stressfaktoren

Stress bedeutet Anspannung. Als Einstieg möchte ich mich deshalb der Frage zuwenden: Welche Faktoren führen eigentlich zu übermäßiger Anspannung? Wenn ich mich beispielsweise auf ein neues Vortragsthema vorbereite, begegne ich verschiedenen Schwierigkeiten, die mich in einen inneren Spannungszustand versetzen können. Ich treffe auf komplexe Themenfelder, die nicht so leicht zu durchdringen sind. Ein zweiter möglicher Stressfaktor ist die Zeit. Bei mir ist es beispielsweise häufig so, dass ich zunächst denke: „Ich habe noch viel Zeit, ich kann den Vortrag später vorbereiten.“ Aber dann kommen andere Termine dazwischen, und kurz vor knapp muss ich mich hinsetzen, um den Vortag in aller Eile auszuarbeiten. Dadurch entsteht ein großer Zeitdruck, der so stark werden kann, dass eine innere Unruhe entsteht und der Geist auf einmal nicht mehr ganz bei der Sache ist, sondern sich wie umnebelt anfühlt. Für viele Menschen ist es im Arbeitsalltag manchmal auch schlicht und einfach die Arbeitsmenge, die stressend wirkt. Auf dem Schreibtisch stapeln sich die Akten, E-Mails sind zu beantworten, Telefonate sind zu erledigen und im Terminkalender ist kaum Zeit für diese Aufgaben. Aber nicht nur ein Zuviel an Aufgaben kann Stress erzeugen, sondern auch zu geringe Anforderungen wirken stressend.

Alles, was ich bis jetzt erwähnt habe, kann zu Stress führen, muss aber nicht. Denn es gibt immer auch Kollegen oder Kolleginnen, die dieselbe Arbeitsmenge oder denselben Zeitdruck haben wie ich, das alles aber ohne irgendwelche Anzeichen von Stress bewältigen. Sie haben keine Probleme und sind immer guter Dinge, während ich mich ständig unter Druck fühle. Warum ist das so? Warum ist der eine in einer bestimmten Situation schrecklich gestresst und genervt, völlig aus dem Häuschen, hat Ringe unter den Augen, schläft nicht mehr und hat keinen Appetit, während der andere in einer ähnlichen Situation völlig gelassen bleibt? Woran liegt es, dass der eine in die Mühlen des Stress' gerät und der andere dieselbe Situation als Herausforderung begreift, die ihn zu Hochleistungen anspornt? Die Antwort auf diese Frage hängt mit inneren Faktoren zusammen, die wesentlich dazu beitragen, ob wir Stress erleben oder nicht.

Innere Stressfaktoren

Kennen Sie diese innere Stimme, die in bestimmten Situationen zu Ihnen sagt: „Das war nicht gut genug, du musst dich noch mehr anstrengen!“? Oder: „Was der Kollege kann, das schaffst du auch!“ Oder: „Du wirst doch jetzt nicht schlapp machen, reiß dich zusammen!“ Jeder von uns hat in der Kindheit in schmerzvollen Situationen erfahren, welches Verhalten hilfreich für das seelische Überleben war. Diese Erfahrungen sind tief in uns verankert, und sie tauchen in bedrohlichen Situationen im Erwachsenenleben als „rettende“ Verhaltenweisen wie von selbst wieder auf. Im Untergrund des Bewusstseins agieren sie als verinnerlichte Leitsätze, in unseren Emotionen als prägende Einstellungen und in unserem Willen als handelnde Kraft ohne Einschaltung des Bewusstseins. Sie wirken wie natürliche Instinkte, obwohl sie durch leidvolle Erfahrungen erworben wurden.
Weil jeder von uns unterschiedliche Erfahrungen in der Kindheit gemacht hat und deshalb ganz persönliche Leitsätze und Antreiber in sich trägt, sind unsere Reaktionen in so genannten Stress-Situationen ebenfalls sehr unterschiedlich. Wenn ein verinnerlichter Leitsatz heißt „Du darfst nie aufgeben“, hat er auf unser Verhalten andere Auswirkungen, als wenn er lautet: „Du wirst sowieso nie gewinnen, gib auf!“

Auch die menschliche Fähigkeit zur Vorwegnahme zukünftiger Ereignisse durch die Fantasie kann sich zum Stressfaktor entwickeln. Denn wenn wir uns im Geist ausmalen, was alles in Zukunft passieren kann, erzeugen diese Zukunftsbilder unter Umständen in der gleichen Weise Stress wie reale Situationen. Das zeigt sich zum Beispiel im Angstschweiß vor einer Prüfung oder in der Aufregung vor einem Vortrag: Schon im Vorfeld entstehen Ängste, Fantasien und Befürchtungen. Im Extremfall kann dies dazu führen, dass wir vor lauter Sorgen über zukünftige Ereignisse krank werden.

Es gibt allerdings noch einen weiteren inneren Faktor, der darüber entscheidet, ob und wie wir eine schwierige Situation erleben: unsere Fähigkeit zur Selbststeuerung und Selbstregulation. Diese zentrale Fähigkeit ist nicht nur bei der Bewältigung von Stress wichtig, sondern hat auch mit dem Geheimnis des Glücks zu tun.

2. DAS GEHEIMNIS DES GLÜCKS

Mihail Csikszentmihaliy, ein Psychologe ungarischer Herkunft aus den USA, hat in seinem Buch „Flow – Das Geheimnis des Glücks“ seine Forschungsergebnisse zum Glückserleben dargestellt. Er hat weltweit Untersuchungen und Befragungen darüber durchgeführt, was Menschen in Momenten großen Glücks erleben. Welches sind die Bedingungen und Faktoren, so seine Untersuchungsfrage, wenn Menschen starke Glücksgefühle haben?

Wie positiver Stress entsteht

Csikszentmihaliy machte seine Untersuchungen im großen Stil: nicht etwa nur bei Tausenden von Studenten, sondern über die ganze Welt hin, in vielen Kulturen und in vielen sozialen Schichten. Zum einen bekamen die Menschen, die sich an dieser Untersuchung beteiligten, ein kleines Gerät ausgehändigt, das mehrmals am Tag willkürlich piepste. Immer wenn es piepste, machten sie sich Notizen, wie sie sich in dem Moment fühlten, wie ihre Umgebung war, was sie gerade arbeiteten usw. Das war der eine Teil der Untersuchung: die Sammlung einer großen Menge von Datenmaterial. Der andere waren Interviews mit Künstlern, Sportlern und Menschen, die von sich sagen: „In bestimmten Momenten habe ich ein Glücksgefühl erlebt." Csikszentmihaliy fragte sie, was gerade passierte, wenn sie das Glücksgefühl erlebten, in welcher Umgebung sie sich aufhielten, wie ihre Situation war usw. Aus den Antworten hat er eine Formel destilliert, die Sie, die wir alle anwenden könnten, um Glücksgefühle zu erleben. Sie gilt für alle seine Untersuchungen und trifft auf jedermann zu. Bei allen Menschen, die gesagt hatten, dass sie sich in einem bestimmten Moment richtig glücklich gefühlt haben, waren drei Dinge gegeben:

Erstens hatten sie ein Ziel, eine Aufgabe, sie wollten etwas erreichen. Sie erlebten das Ziel als eine große Herausforderung und mussten alle Kräfte mobilisieren, um an das gesteckte Ziel zu gelangen. Zweitens müssen genügend Fähigkeiten und Möglichkeiten im Menschen gegeben sein, damit die Aufgabe gelöst werden kann. Dabei geht es aber nicht nur um die real vorhandenen Ressourcen, sondern vor allem um die positive Selbsteinschätzung und das Selbstvertrauen, dass das Ziel mit den eigenen Fähigkeiten wirklich erreichbar ist. Der dritte Punkt ist, dass man tatsächlich aktiv wird. Man muss alles versuchen, man muss seinen Willen zusammennehmen und handeln.

Nehmen wir als Beispiel einen Bergsteiger. Er kommt in einer Wand an eine so schwierige Stelle, wie er noch nie zuvor eine bewältigt hat. Natürlich fragt er sich: „Wage ich es, oder kehre ich um?“ Seine Einschätzung ist: „Ich kann es schaffen, wenn ich mich ganz besonders anstrenge.“ Er klettert über diese Stelle, und während er es tut, „kommt ein Gefühl über mich wie getragen zu sein, wie wenn ich fließe, wie wenn die Umgebung und ich, der Fels und ich eins werden. Ich fühle mich glücklich und erfüllt, bin nicht mehr abgetrennt von dem Felsen. Die Welt ist für mich rund.“ Ähnliches berichten auch Sportler, wenn sie einmal ihre Latte höher gelegt haben als normalerweise. Sie strengen sich ganz besonders an, und in dem Moment, wo es gelingt, die Latte zu überwinden, ist dieses Glücksgefühl da. Csikszentmihaliy hat dieses Gefühl *flow* genannt. Flow bedeutet *Fließen*, weil es einen Zustand beschreibt, in dem man nicht mehr in sich abgeschlossen ist und die Welt als Gegenüber erlebt, sondern wo diese Abgrenzung ins Fließen gekommen ist.

Nun könnte man vielleicht denken, dass das nur bei Sportlern oder Kletterern vorkommt. Nein, Csikszentmihaliy berichtet genauso von einem Fließbandarbeiter, der sich gesagt hatte: „Es genügt mir nicht, nur im Akkord zu arbeiten. Es genügt mir nicht, das Normale zu tun. Ich setze mir ein Ziel. Ich will das viel schneller hinbekommen.“ Er hat sich ein Ziel markiert und es immer weiter hinaus geschoben, sodass er sich immer mehr anstrengen musste. Er beschreibt, wie in dem Moment, als er sein Ziel erreichte, dieser flow da war – das Fließen, das Glück, ein Glücksgefühl. Wie gesagt, das geschah am Fließband! Das ließe sich jetzt vielleicht auch übertragen auf Abwasch und andere Dinge, denn im Grunde sind die Möglichkeiten, den Flow zu erleben, unendlich. Jede Tätigkeit ist geeignet, optimiert zu werden in dem Sinne: „Ich bin ganz, ich bin ungeteilt mit meiner Aufmerksamkeit bei der Sache. Ich mobilisiere alle Kräfte, die in mir sind, und ich habe das Vertrauen, dass ich es schaffe!“

Ich führe in der Industrie Trainings zu kreativer Zusammenarbeit in Teams durch. In bestimmten Übungen geht es darum, die Erfolgs- und Misserfolgsfaktoren kennen zu lernen, die das Zusammenfließen der Teamenergie fördern oder verhindern. Im Anschluss an diese Übungen gibt es eine Analyse, in deren Verlauf die Gruppe untersucht, wie sich das Energieniveau während des Arbeitsprozesses verändert hat. Es entsteht ein Diagramm mit aufsteigenden und abfallenden Kurven, je nachdem, welche Probleme oder Fortschritte der Gruppenprozess gemacht hat. Das Erstaunliche daran ist, dass durchgängig erlebt wird, wie sich am höchsten Punkt der Energiekurve, da wo alle darum ringen, das Problem zu lösen und ihre ganzen Kräfte zu mobilisieren, die Einfälle nur so fließen. Und durch die gemeinsame Anstrengung in der Gruppe entsteht ein Gemeinschaftsgefühl, das jeden Einzelnen trägt: „Ah, das war toll!“ Alle spüren eine Art Glücksgefühl. Auch hier gilt dasselbe Prinzip: Man muss sich ein hohes Ziel gesteckt haben, seine ganzen Kräfte zusammennehmen, es müssen innere Fähigkeiten da sein und man muss handeln – nur dann entstehen Glück, Zufriedenheit, Gruppengefühl und gute Ergebnisse.

Von der Herausforderungszone zur Überforderungszone

Der Psychologe Aaron Antonovsky hat 1970 in Israel Untersuchungen darüber angestellt, wie Frauen das Klimakterium erleben. In den Fragebögen von Antonovsky war eher zufällig auch die Frage enthalten: „Waren Sie in einem Konzentrationslager?" Ihm fiel auf, dass unerwartet viele Frauen, die diese Frage mit *Ja* beantworteten, aussagten, dass sie gesund und seelisch wohlauf seien. Das erstaunte ihn. Bei der Auswertung der Fragebögen kam heraus, dass 29% der Frauen, die das Konzentrationslager durchlitten hatten, in den Wechseljahren psychisch und körperlich völlig gesund waren. Wie war das möglich? Antonovsky dachte darüber nach, welche Auslöser dafür verantwortlich sein könnten, dass Menschen, trotz massivster Bedrohung ihres Lebens über mehrere Jahre hinweg, gesund durch solche Katastrophen hindurch gehen konnten. Er fand heraus, dass diese Menschen etwas besaßen, was er als Kohärenzgefühl bezeichnete: „Ich als Person fühle mich in mir selber ganz, ich zerbreche nicht. Trotz all des Schrecklichen, das hier im Konzentrationslager geschieht, erlebe ich mich selbst getragen und innerlich stabil." Diese Kohärenz entsteht laut Antonovsky, wenn drei Dinge gegeben sind:

- Verstehbarkeit: Ich erlebe die Welt als geordnet, strukturiert, erklärbar und vorhersagbar.
- Handhabbarkeit: Ich sehe, dass mir eigene oder auch fremde Ressourcen zur Verfügung stehen, mit denen ich die Herausforderungen des Lebens bewältigen kann.

- Bedeutsamkeit: Ich erfahre das Leben auch in schwierigen Momenten als eine Herausforderung, die sinnvoll ist und sich lohnt.

Antonovsky hat in vielen Untersuchungen gezeigt, dass Menschen mit einem hohen Kohärenzgefühl weniger unter Stress leiden als Menschen, die keinen Sinn finden können in dem, was sie tun, und hilflos und ohne Verständnis den Anforderungen des Lebens gegenüber stehen. Das ergreifende Buch von Jacques Lusseryran „Das wiedergefundene Licht“, in dem er von seiner Erblindung und seinen Erlebnissen im Konzentrationslager berichtet, und das Buch von Viktor Frankl „Trotzdem ja zum Leben sagen“, ebenfall ein Bericht aus dem Konzentrationslager, sind beides Zeugnisse davon, wie Menschen, gedemütigt und im Angesicht des Todes, dem Leben dennoch einen Sinn abgewinnen. Sie haben das von Antonovsky beschriebene Kohärenzgefühl.

Ich hatte die Gelegenheit, in Südafrika bei einem Vortrag einen Mitstreiter von Nelson Mandela kennen zu lernen, der viele Jahre mit Mandela im Gefängnis war und später in dessen Kabinett Minister wurde. Er erzählte, dass es im Gefängnis zwei Gruppen von Menschen gab. Die einen klagten und lehnten sich auf. Sie konnten die Situation nicht annehmen und sie deshalb auch nicht aktiv gestalten. Am Ende gingen sie an ihrer eigenen Verbitterung zugrunde. Die anderen nahmen die Situation an, akzeptierten sie und fingen an, sie kreativ zu gestalten. Sie gründeten eine Universität, denn es gab unter den Gefangenen viele gebildete Menschen, die in der Lage waren, andere zu unterrichten.

Nach ihrer Entlassung gingen viele mit Hochschulabschlüssen in die Freiheit. Auch hier war der entscheidende Unterschied eine innere Kraft, die das Zerbrechen verhinderte und der Situation einen Sinn abringen konnte.
Dem Leben einen Sinn geben – das ist eine der zentralen Maximen, um an Schicksalsschlägen nicht zu zerbrechen. Der Mensch, der danach handelt, weiß: „Ich gestalte das Geschehen mit und werde nicht von ihm überwältigt." Hier sind wir bei einem der wichtigsten Punkte, um Stress zu verstehen: Ist man noch in einem Zustand, in dem man das Geschehen mitgestalten kann? Besitzt man noch die Fähigkeit zur Selbststeuerung, oder hat man die Fähigkeit zu gestalten schon verloren? Um das zu verdeutlichen, möchte ich Ihnen ein Modell vorstellen, das auf Edgar Schein zurückgeht, einen der Begründer der Organisationsentwicklung. Er beschrieb drei Zonen, in denen wir Menschen uns im Leben bewegen und zwischen denen wir hin- und herwechseln.

▸ Sicherheitszone

Die innerste Zone ist die Sicherheitszone, im Englischen „comfort zone" genannt. Wenn wir uns wohlfühlen und nichts von uns verlangt wird, wenn wir zufrieden sind und alles gut läuft, sind wir in der Sicherheitszone. In der Sicherheitszone sind alle Bedürfnisse erfüllt, keine Sorgen, keine Ängste melden sich. Wir sind entspannt und wir können auftanken. Jeder von uns braucht den Aufenthalt in dieser Komfortzone immer wieder zur Erholung und zum Wohlfühlen.

▸ Herausforderungszone

Die zweite Zone kann man als Herausforderungszone bezeichnen. Wir befinden uns in ihr, wenn eine Situation nicht mehr entspannt ist und die Anforderungen nicht mehr so einfach zu bewältigen sind. Wir spüren Gefühle der Spannung, Beunruhigung, Angst und Frustration, die uns signalisieren, dass bestimmte Bedürfnisse nicht erfüllt sind, z.B. die Bedürfnisse nach Schlaf, nach Sicherheit, nach Wertschätzung, nach Zugehörigkeit oder auch nach Autonomie. Trotz dieser inneren Anspannung und dem Unwohlfühlen haben wir aber das Selbstvertrauen: „Ich kann das aushalten. Ich kann warten!" oder „Wenn ich mich anstrenge, bekomme ich das, was mir wichtig ist!" Wir haben Frustrationstoleranz, weil die Bedürfnisnot nicht so stark oder weil wir dem momentanen Bedürfnis und der äußeren Situation gegenüber stark sein können. In dieser Zone werden wir zwar gefordert, aber wir erleben uns als Gestaltende und Steuernde. Deshalb wird das auch als „kontrollierbare Stressreaktion" bezeichnet. Was ich Ihnen vorhin über die Forschungen von Csikszentmihaliy zum Flow-Erleben erzählt habe, bezieht sich auf diese Stretchzone, die Zone, in der man sich „dehnen" muss, um die Situation zu bewältigen. Denn wenn man an die äußerste Grenze der Herausforderungszone kommt, befindet man sich da, wo der Flow erlebt wird. Das sind die Situationen, in denen wir alle unsere Energien und Fähigkeiten mobilisieren müssen, um zu bestehen. Eine motivierende Energie treibt uns zum Handeln an. Auch Antonovskys Beschreibungen des Kohärenzgefühls hängen damit zusammen, denn die innere Stärke den eigenen Bedürfnisnot-Gefühlen und der bedrängenden äußeren Situation gegenüber ist das, was Antonovsky als

Kohärenzgefühl bezeichnet. Hans Selye, einer der Väter der Stressforschung, bezeichnete diese Form des Stresserlebens als Eu-Stress, d.h. als gute Anspannung, die zum Handeln motiviert. Und er beschrieb demgegenüber den negativen Stress, den er als Dis-Stress bezeichnete. Wenn wir heute von Stress reden, dann meinen wir meistens den negativen Dis-Stress.

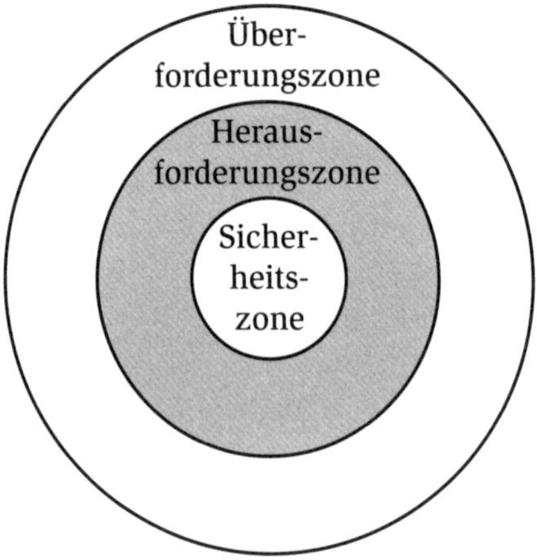

Abb. 1: Sicherheits-, Herausforderungs- und Überforderungszone (Ballreich/Glasl 2007)

▸ Überforderungszone

Was passiert nun, wenn die Situation kippt und wir in die dritte, die Überforderungszone gelangen? Hier erleben wir nicht Herausforderung, sondern Überforderung: Wir können das Geschehen nicht mehr selber steuern, sondern wir werden von ihm gesteuert. Wir fühlen uns hilflos und ohnmächtig. Diese Ohnmacht kann so stark sein, dass dadurch die eigene Existenz als bedroht erlebt wird und instinktiv der Überlebenstrieb aktiviert wird. Im Englischen spricht man deshalb von der „stress zone“. Diese instinktiven Kräfte sind so mächtig, dass sie die Fähigkeit zur Selbststeuerung verdrängen und den Menschen fremdbestimmen. Die innere Dynamik in der Überforderungszone kann so schlimm werden, dass wir uns daran aufreiben und zugrunde gehen können. Wir befinden uns in den *Mühlen des Stress'*. Ich möchte Ihnen nun genauer beschreiben, was in dieser Stresszone geschieht.

3. IN DEN MÜHLEN DES STRESS

Wie kommen wir in diese Stresszone, in der sich Menschen bis zum Burn-out zugrunde richten können ?

3.1 Sicherheitsprüfung und Bedürfnisnot

Für das Verstehen und Stoppen der Stressreaktion ist es wesentlich, die Rolle der Angst genau anzuschauen.

Die Signalangst als Beginn der Stressreaktion

Daniel Goleman beschreibt in seinem Bestseller „Emotionale Intelligenz“ *(Goleman 1996)* ein Organ, das – sowohl neurologisch als auch seelisch erfassbar – in jedem Moment, in dem wir bewusst sind, die Situation um uns herum „abtastet“. Es bewertet alles, was rundherum passiert danach, ob es gefährlich oder ungefährlich für uns ist. Auch jetzt, in diesem Augenblick. Wenn Sie dem in sich einmal nachspüren, werden Sie jetzt hier in diesem Vortragssaal, so hoffe ich jedenfalls, nicht das Gefühl haben, dass jemand Sie gleich überfallen will oder dass etwas Schlimmes passiert. Vermutlich werden Sie gerade erleben: „Ja, das hier ist ganz o.k., ich kann mich entspannen.“ Ich möchte

Ihnen aber durch ein kleines Experiment zu einer Erfahrung mit diesem Organ verhelfen. Ich möchte gerne hier vorne ein Rollenspiel durchführen, und dazu komme ich jetzt zu Ihnen ins Publikum, um eine geeignete Person auszusuchen, die das Rollenspiel mit mir zusammen durchführt.

Ich merke, dass einige von Ihnen unruhig geworden sind, und vermute, dass zumindest diejenigen, die vorne sitzen, dachten: „Hoffentlich wählt er nicht mich!" Genau darum geht es! Um das „Organ" in uns, das so etwas bemerkt. Haben Sie wahrgenommen, wie Sie innerlich Sensoren ausgefahren haben, als ich sagte, ich brauche jemanden für das Rollenspiel, und auf Sie zugegangen bin? Diese Sensoren oder Antennen, die prüfen, ob etwas gefährlich oder bedrohlich werden könnte, sind ununterbrochen aktiv.

Man kann auch von Sympathie oder Antipathie sprechen, denn es wird geprüft, ob uns etwas sympathisch ist und wir das gerade Geschehende positiv erleben, oder ob es uns unsympathisch ist und wir uns vor einer Gefährdung schützen müssen. Goleman beschreibt das neurobiologische Organ, das mit dieser seelischen Fähigkeit des Abtastens der Lebenssituationen zusammen hängt. Es befindet sich im limbischen System, das immer dann aktiv wird, wenn wir Emotionen erleben. Ein Bestandteil des limbischen Systems ist die Amygdala, der Mandelkern. Menschen, deren Mandelkern durch Krankheit oder Operation zerstört wurde, haben selbst in den bedrohlichsten Situationen keine Angst, denn das physische Organ, das eine Situation auf ihre Gefährlichkeit hin „abtastet", steht ihnen nicht mehr zur Verfügung.

Durch die Angst, die mit der Aktivität der Amygdala zusammenhängt, nehmen wir etwaige Bedrohungen blitzschnell wahr. Der Organismus wird „benachrichtigt", dass gerade etwas geschieht, das ihm nicht gut tut. Das ist ein zentraler Punkt, um Stress zu verstehen. Menschen ohne Amygdala erleben keinen Stress, weil sie keine Angst verspüren. Angst muss also nicht etwas Negatives sein; Angst hat eine Signalfunktion. Sie weckt uns auf! Gerald Hüther hat in seinem Buch „Biologie der Angst" diesen Bereich der Stressreaktion genauer ausgearbeitet.

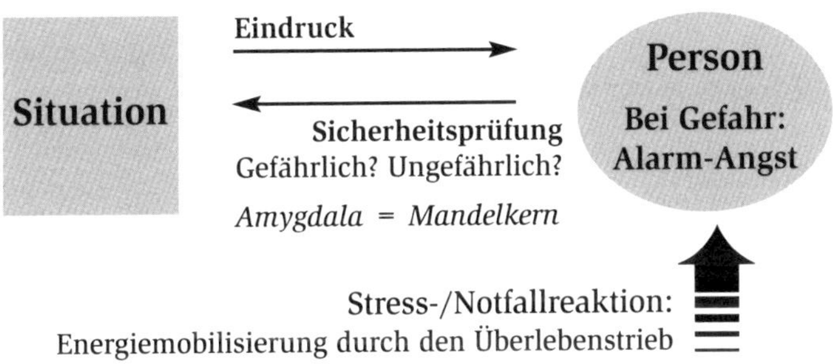

Abb. 2: Sicherheitsprüfung und Stressreaktion

Bedürfnisnot und Stressentstehung

Woran orientiert sich eigentlich die Aktivität der Amygdala, wenn sie bzw. die spürende Seele die Umgebung danach abtastet, ob uns von dort etwas Gefährliches droht? Es sind unsere momentanen Bedürfnisse, das, was wir in dieser ganz bestimmten Situation zum Überleben brauchen. Alles, was die Erfüllung starker Bedürfnisse verhindert, wird zu einer existenziellen

Bedrohung. Wenn wir unsere Sicherheit durch Feinde bedroht sehen, ist diese Bedrohung unmittelbar einsichtig. Aber auch, wenn unsere physischen Bedürfnisse nach Nahrung, Flüssigkeit, Wärme, Sauerstoff oder Schlaf nicht erfüllt werden, können ähnliche Bedrohungserlebnisse entstehen. In sozialen Konflikten zeigt sich, dass auch die Nichterfüllung der sozialen Bedürfnisse nach Anerkennung, Zugehörigkeit und Gerechtigkeit sowie der Ich-Bedürfnisse nach Selbstbestimmung, Identität oder eigenem Raum bedrohlich wirkt. Die zentrale Bedeutung unserer Bedürfnisse bei Stressvorgängen in sozialen Beziehungen ist ausführlich beschrieben in dem Buch „Mediation in Bewegung“ *(Ballreich/Glasl 2007)*.

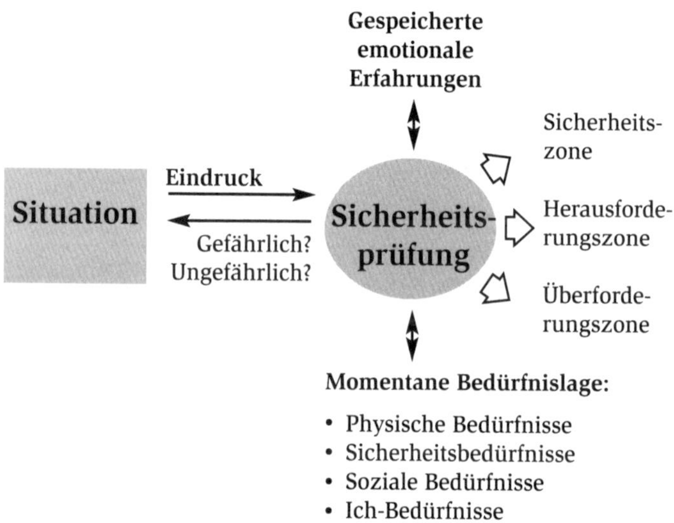

Abb. 3: Sicherheitsprüfung, emotionale Bewertung und momentane Bedürfnislage

Unsere Bedürfnislage in einer bestimmten Situation bewirkt eine spezifische Gestimmtheit und beeinflusst dadurch deren emotionale Bewertung. Denn wenn ich mich krank fühle und das Bedürfnis nach Ruhe habe, dann ist ein lautes Geräusch u.U. sehr bedrohlich für mich oder wenn ich mich verunsichert fühle und das Bedürfnis nach Geborgenheit in mir verspüre, dann lässt mich eine unbekannte Gestalt schneller zusammenzucken usw. Der „emotionale Wächter" in uns ist durch die momentane Bedürfnislage entspannter oder angespannter und er ist auf bestimmte Erlebnisbereiche hin besonders sensibilisiert.

Goleman beschreibt, wie die innere Sicherheitsprüfung, die physisch mit der Amygdala zusammenhängt, ohne Einschaltung unserer kognitiven Funktionen geschieht. Die Informationen aus der Umwelt werden zunächst ohne zu überlegen emotional bewertet. Die Kriterien für diese emotionale Bewertung stammen aus den gespeicherten Erlebnissen der gesamten Lebensgeschichte: „Was war für mich schmerzhaft und gefährlich? In welchen Situationen habe ich schlimme Gefühle erlebt? Was hat mir Sicherheit vermittelt und mir gut getan?" Das von der Amygdala ausgehende Warn- oder Beruhigungssignal beruht auf bekannten, schon erlebten Gefühlszuständen, die sich erneut einstellen, wenn ein bestimmtes Geräusch ertönt, ein spezifischer Geruch in die Nase steigt, eine auffällige Bewegung wahrgenommen wird etc. Man könnte auch sagen, dass wir uns auf dieser Stufe des emotionalen Erlebens nicht getrennt von der Umwelt erleben. Der Sinnesreiz und die emotionale Reaktion fließen unmittelbar ineinander.

Zeitlich versetzt wird dann auch der Neokortex mit einbezogen, der mit der kognitiven Verarbeitung von Sinnesreizen zu tun hat. Jetzt geschieht eine „gedankliche“ Bewertung der Situation und der eigenen Ressourcen, um der Situation zu begegnen. Auch das verläuft zunächst automatisch, d. assoziativ. Denn die Kriterien für die Bewertung sind unser kulturell und persönlich erworbenes Wissen. Dieses Wissen ist die Brille, durch die wir die Welt sehen und beurteilen. Die kognitive Bewertung kann die emotionale Bewertung bestätigen, aber auch korrigieren. Wenn die kognitiven Assoziationen signalisieren: „Das ist nicht gefährlich, die Situation ist gut zu bewältigen“, entsteht ein Widerstreit zwischen dem emotionalen Warnsignal, das von der Amygdala ausgeht und der gedanklichen Einschätzung der Situation. Das sind die Momente, in denen die steuernde Ich-Instanz in der Seele gefragt ist. Denn jetzt geht es darum, zu beurteilen und zu entscheiden: „Folge ich meinem Gefühl oder meinem Verstand? Wie beurteile ich die Situation? Wie will ich handeln?“ Eine bewusste Besinnung auf die Situation und die eigenen Handlungsmöglichkeiten wird dadurch angeregt.

Die Signalangst weckt uns zwar auf, aber wie wir auf die bedrohliche Situation reagieren, hängt von unserer Fähigkeit zur Selbststeuerung ab. Was genau geschieht dabei?

3.2 Ohnmachterleben und Verlust der Mitte

Stellen Sie sich eine akute Stresssituation vor. Sie sind beispielsweise unterwegs zu einem sehr wichtigen Termin, von dem für Ihr weiteres Leben viel abhängt. Sie bemerken plötzlich, dass Sie die wichtigsten Unterlagen zu Hause liegen gelassen haben. Was passiert in einem solchen Moment? Der Schreck fährt Ihnen in die Glieder und Sie erleben Angst und Ohnmacht. Die Angst ist gepaart mit dem Gefühl, die Situation nicht mehr positiv gestalten zu können. Sie befinden sich also nicht mehr in der Herausforderungszone. Denn die Angst in der Herausforderungszone ist noch verbunden mit der Gewissheit: „Ich schaffe es!“ Die Angst in der Überforderungszone hingegen ist gepaart mit Ohnmacht. Ohnmacht ist die zentrale seelische Steuerungsgröße, die negativen Stress bewirkt. Um mit Antonovsky zu sprechen: Das Kohärenzgefühl bricht zusammen: „Ich fühle mich nicht mehr kräftig, nicht mehr stark, ich kann nichts mehr steuern! Ich sehe momentan auch keinen Sinn und ich fühle mich ohne Macht.“

Das Interessante ist nun, dass wir die Ohnmacht normalerweise nicht bemerken, denn das Ohnmachterleben wird häufig verdrängt und ins Unterbewusstsein abgeschoben. Wenn man allerdings versucht, in solchen Augenblicken innezuhalten und dem nachzuspüren, was innerlich los ist, kann man bemerken, dass man nicht nur Ohnmacht und Angst, sondern sogar Panik erlebt. Ja, nicht nur Panik, sondern panikartige Todesangst. Das geschieht allerdings in Sekundenbruchteilen. Es klingt paradox: Der Schreck darüber, etwas nicht zu schaffen, bewirkt im Untergrund der Seele das Gefühl, zugrunde zu gehen. Der eigentliche Hintergrund von Stress ist die Angst vor dem Tod. Das ist auch der Grund, warum in der Stresszone sofort der Überlebenstrieb aktiv wird. Das mag für Sie vielleicht

sehr extrem klingen, aber bei einer genauen Selbstprüfung können Sie das sicher nachvollziehen.
Allerdings hat die Natur dafür gesorgt, dass wir nicht allzu schnell von Angst und Ohnmacht überwältigt werden, denn fast im selben Moment, in dem uns der Schreck in die Glieder fährt, schießt in uns Energie hoch und wir spüren Kraft, um uns zu wehren. Oft wird diese Reaktion auf die Stress-Situation als Adrenalinstoß bezeichnet. Das ist der zweite Grund, weshalb wir die Ohnmacht meistens nicht bewusst registrieren: Die Angst wird so schnell durch die vom Adrenalin ausgelöste Energiewelle verdrängt, dass wir gar keine Zeit haben, die Ohnmacht zu spüren. Nachher, wenn wir über „Wege aus der Stressfalle" reden, werden wir sehen, welche zentrale Bedeutung es hat, sich der Ohnmacht zu stellen, um Stress zu bewältigen.

Die Gegenwarts-Zentrierung geht verloren

Wenn wir im Stress sind, haben wir das Gefühl: „Ich schaffe das nicht!" Um die bevorstehende Herausforderung dennoch zu schaffen, atmen und gehen wir schneller. Wir hetzen uns. Sie können das sehr gut bei Menschen beobachten, die, vom Stress getrieben, eine Arbeit noch schnell erledigen oder den Zug gerade noch erreichen wollen. Die Atmung wird hektisch und der Körper neigt sich nach vorne. Gestresste Menschen eilen sich selber voraus und sind deswegen nicht mehr bei sich. Das führt dazu, dass ihre Körperhaltung leicht nach vorne gebeugt wirkt. Sie versuchen sozusagen schneller zu sein, als sie in Wirklichkeit sein können. Dabei verlieren sie den Kontakt zu der Aufrichtungslinie, die zwischen Vorne und Hinten und zwischen Rechts und Links in der Mitte ihres Körpers zu denken ist. Diese Aufrichtungslinie ist keine statische Größe, sie wird in jedem Moment neu ausbalanciert. Wir sind im Gleichgewicht, in unserer Mitte, wenn wir unseren Körper im Einklang zwischen Aufrichtungslinie und äußerer Situation bewegen. Im Stress aber kippen wir nach vorne, ja eigentlich sind wir ständig dabei, hastig das nächste Vorhaben anzupacken. Wir verlieren unsere Mitte zwischen hinten und vorne. Wir sind nicht mehr bei uns, sondern bei dem, was wir unbedingt noch schaffen wollen. Das heißt aber, wir sind nicht mehr in der Gegenwart zentriert, sondern innerlich uns selbst vorauseilend. Da wir aber nur in der Gegenwart anwesend sein können, verlieren wir uns selbst, unsere Geistes-Gegenwart!

Verkrampfung in sich selbst

Auch die ausbalancierte Mitte zwischen Oben und Unten geht im Stress verloren. Ich möchte mit Ihnen dazu den muskulären Aspekt der Stress-Angst anschauen. Wenn wir erschrecken und das Gefühl haben, etwas nicht mehr bewältigen zu können, ziehen wir unwillkürlich den Kopf ein und spannen die Nackenmuskulatur an. Das nennt man den muskulären Alarmmechanismus. Deswegen haben wir bei Stress verspannte Nackenmuskeln. Diese Anspannungs-Reaktion hat gewaltige Auswirkungen auf die Art und Weise, wie wir uns im Raum orientieren und bewegen. Denn wenn man die Schultern und den Nacken verspannt und den Kopf einzieht, verliert man den Kontakt zum Raum über sich. Der Kopf wird nicht mehr leicht und frei auf der Wirbelsäule getragen. Man schließt sich in sich selbst ab und steht nicht mehr offen im Raum.

Im Schreckmoment verkrampfen sich aber auch die

Zehen und Fußsohlen. Dadurch wird der natürliche Kontakt zum Boden gestört. Man spürt den Boden nicht mehr richtig und lässt die Schwere des Körpers nicht mehr ausreichend zum Boden hin los. Dadurch wird man zu einem Organismus, der sich in sich selbst verspannt und sich nicht mehr vertrauensvoll vom Untergrund tragen lässt.
Durch die Verkrampfung der Nacken- und Fußmuskulatur lässt man nach unten und nach oben hin nicht mehr genügend los und ist nicht mehr wirklich offen. Anders gesagt: Man verliert die Verbindung zu Himmel und Erde. Das geschieht in der Muskulatur, aber diese Verspannung ist auch seelisch erlebbar: Wir schließen uns ab, und die Balance zwischen Leichte und Schwere bzw. zwischen Oben und Unten, die durch die Aufrichtung und den federnden Schritt ermöglicht wird, geht verloren *(s. dazu auch: Ballreich/Lang 2007)*. Man kann das auch als *Verkrampfung in sich selbst* bezeichnen.

Zerstörung der sozialen Balance

Zum Verlust der Balance im Raum kommt der Verlust der Mitte auf der sozialen Ebene. Denn der gesunde Wechsel zwischen Bei-Sich-Sein und Hinwendung zu anderen wird im Stress massiv unterbrochen. Das eine Extrem ist die Orientierung nach außen: Man will es unbedingt immer anderen Menschen recht machen, spürt sich dabei aber selbst nicht mehr. Das andere Extrem ist die Orientierung nach innen, die sich darin zeigt, dass Herzlichkeit und Einfühlungsvermögen versiegen und egozentrisches Verhalten immer stärker zunimmt. Zwischen diesen Extremen kann das Verhalten hin und her schwanken. Was fehlt, ist der rhythmische Wechsel zwischen einem gesunden Rückzug und einer empathischen Hinwendung zu anderen Menschen. Die soziale Balance zwischen Innen und Außen, zwischen Ich-Orientierung und Du-Orientierung, wird im Stress zerstört. In einem Artikel über Martin Buber habe ich die Bedeutung dieser Balance genauer beschrieben *(Ballreich 2007)*.

3.3 Die Fähigkeit zur Selbstregulation wird deformiert

Stress kann so starke Veränderungen im Menschen bewirken, dass sich die Betroffenen in einer Zwangssituation befinden, aus der zu entkommen nicht so einfach ist.

Körperliche, seelische und geistige Ungleichgewichte

Der gesamte Organismus des Menschen wird in akuten Stress-Situationen in Alarmzustand versetzt, und zwar nicht nur im Denken oder im Gefühl, sondern bis in die feinsten Verästelungen des Körpers hinein. Die körperlichen, seelischen und geistigen Veränderungen, die dadurch ausgelöst werden, sind alle darauf ausgerichtet, die momentane Bedrohung zu bekämpfen oder sich durch Flucht in Sicherheit zu bringen. Die Stressreaktion wird deswegen auch Kampf- oder Fluchtreaktion genannt.

Was heißt das konkret? In dem Moment, in dem Angst und Stresspanik eintreten, schrillen innerlich die Alarmglocken: „Mein Leben ist bedroht!" Physiologisch passiert eine Ausschüttung von Stresshormonen, die unter anderem den oben schon genannten Adrenalinstoß hervorruft. Die Hormonkaskade wiederum „informiert" die

Organe, es folgt eine ganze Reihe von Reaktionen: das Herz schlägt schneller, der Atem geht heftiger, der Blutdruck erhöht sich, im Blut werden zusätzliche Zuckerreserven frei, sodass die Muskeln mit mehr Energie versorgt werden und auf Hochtouren leistungsfähig sind. Im Gehirn werden Opiate frei, es entsteht ein leichter „High-Zustand“, der signalisiert: „Ich halte durch! Ich schaffe das! Ich spüre frische Kräfte in mir!“
Seelisch passiert eine Anspannung: Alle Kräfte werden konzentriert, um die überlebensnotwendige Aggression einzusetzen und zu kämpfen, oder aber alle Reserven auszuschöpfen, um zu fliehen. Differenzierte Gefühle haben in diesem Moment keinen Platz. Geistig entsteht ein unwahrscheinlich geschärftes Bewusstsein, das alles, was relevant ist für Kampf oder Flucht, ganz genau wahrnimmt. Alles Übrige, ob die Sonne scheint, der Tag schön ist, Frühling, Sommer, Herbst oder Winter ist, ist nicht wichtig. Unnötige physische Funktionen wie etwa die Verdauung und die Sexualität werden inaktiviert, da sie im Moment des Lebenskampfes nicht gebraucht werden. Auch die Immunabwehr, die dafür da ist, Krankheitserreger zu bekämpfen, wird gedrosselt. Im Stress sind wir also bereit, um Leben und Tod zu kämpfen, aber wir sind nicht bereit, mit der gleichen Intensität einen Schnupfen oder ein Grippevirus zu bekämpfen oder auch die Ausbreitung von Krebszellen einzudämmen. Da auch das besonnene Denken eingeschränkt wird, um alle Sinne für Kampf oder Flucht freizuhalten, spricht man in diesem Zustand auch vom „Röhrenblick“.
Diese Bezogenheit des Körpers, der Gefühle und des Denkens auf Kampf oder Flucht konzentriert sich auf einen einzigen Punkt: „Ich will überleben!“ Solange

stressbedingte Extremzustände von kurzer Dauer sind und von Entspannung in der Sicherheitszone immer wieder abgelöst werden, besteht für den Organismus keine Gefahr. Die mobilisierten Energien werden abgebaut und der Organismus stellt erneut eine innere Balance her. Wenn der Stress aber andauert und sich verfestigt, schwächen sich die natürlichen Regulationsleistungen des Organismus ab: das Verlangen des Körpers nach einer Ruhepause wird nicht mehr wahrgenommen, die Entspannung nach der Anspannung wird nicht mehr gesucht. Auch physiologisch verfestigen sich die ungesunden Vorgänge: der schnellere Herzschlag bleibt erhalten, die Verdauung arbeitet weiter so wie im Stresszustand. Die gesunde Selbstregulation wird außer Kraft gesetzt. Stress ist wie ein Kriegszustand: Normale und gesunde Regulationsvorgänge gelten nichts, weil sie nicht für die unmittelbare Gefahrenabwehr hilfreich zu sein scheinen. Wenn diese Mechanismen in der Seele wirksam werden, ist es sehr schwer, sich daraus zu befreien. Sie wirken zwingend, und wer davon gepackt wird, befindet sich in den Mühlen des Stress'. Die Gesundheit und auch die Menschlichkeit werden darin gnadenlos zerstört, wenn es nicht gelingt, einen Ausweg zu finden.

Emotionen beherrschen die Seele

Der entscheidende Punkt bei der Entstehung von Stress ist das Erleben von Ohnmacht: „Ich kann die Situation nicht mehr kontrollieren und selbst gestalten." Weil die Ich-Steuerung verloren geht, ist die Energie für Kampf oder Flucht nicht mit unserem Ich verbunden. Es gibt kein Kohärenzgefühl von Selbstsicherheit und innerem Einigsein mehr. Vielmehr entsteht eine gewisse Verbissenheit: „Ich lasse mich doch nicht unterkriegen!" Ein Mensch in dieser Verfassung ist gepackt von Emotionen. Es gibt drei grundlegende Stress-Emotionen, die jeweils gepaart sind mit drei unterschiedlichen Verhaltensweisen. Da ist zum einen die Wut. Wut führt dazu, dass wir Angreifer werden und kämpfen wollen. Was heißt das im Sozialen? Man wird auf einmal „kiebig", angriffslustig, gereizt: „Lass mich doch in Ruhe!" Vielleicht wird man auch richtig sauer oder fährt regelrecht aus der Haut: „Verdammt noch mal, jetzt reicht's aber!" Physiologisch wird die Wut durch die Ausschüttung von Stresshormonen energetisiert, psychisch zeigt sie sich durch Aggressivität. Die Aggressivität kommt von unten, aus dem Bauch! Sie schießt in uns hoch und gibt uns die Kraft, um für unser Überleben zu kämpfen.

Zum zweiten gibt es die Emotion Angst. Nehmen wir an, eine Gruppe Touristen sei auf einer Safari in Afrika. Vielleicht möchte jemand mal aus dem Geländefahrzeug aussteigen, weil er „ins Gebüsch" muss. Auf einmal hört er ganz aus der Nähe einen Löwen brüllen. Hier setzt bei ihm natürlich großer Stress ein, alle seine Alarmglocken schrillen. Es wäre für das Überleben des Safarireisenden aber wohl kaum dienlich, wenn dem Löwen gegenüber die Emotion Wut aufsteigen würde! Hier kommt vielmehr die Angst ins Spiel, die den Füßen Kraft zum Laufen gibt und sie zur Flucht bewegt. Also kein Kampfimpuls, sondern ein Fluchtimpuls! Nichts wie weg, nichts wie in den Jeep zurück!

Schließlich haben wir noch eine dritte Emotion, die Lähmung. Sie geht am tiefsten und ist am schwierigsten zu bewältigen. Zur Lähmung gehört der Totstellreflex. Das passiert in uns allen, wenn wir geschockt sind. Nehmen Sie z.B. einen Autounfall. Es gab einen Frontalzusammenstoß, aber Sie haben zum Glück überlebt. Sie steigen aus, aber Sie fühlen nichts. Sie sind wie benommen, tun alles, was zu tun ist, aber Sie spüren nichts mehr. Es ist biologisch in uns festgelegt, dass wir Menschen, wenn wir großes, hartes Leid erleben, wie gelähmt sind, wie tot gestellt, obwohl wir noch leben. Stellen wir uns weiter einen Lehrer vor, der eine neue Klasse bekommt: Es läuft nicht gut, er hat fortwährend das Gefühl, die Aufgabe nicht zu schaffen: „Ich kann das nicht!“ Er fühlt sich restlos überfordert. Die Stressreaktion setzt ein, der Adrenalinstoß, gepaart mit Wut, führt zu einem Aufbäumen: „Das lasse ich mir nicht bieten!“ Er schreit die Schüler an. Aber sein Versuch, die Situation mit Wut zu retten, hilft auch nichts, sie lachen nur über ihn. Dadurch gewinnt die Angst in ihm die Oberhand und er zieht sich zurück. Er versucht es mit Bitten an die Schüler, aber sie reagieren auch darauf nicht. Der Lehrer kann nicht weg, kann nicht fliehen, denn er braucht die Stelle für den Lebensunterhalt. Wut und Angst helfen nicht – was übrig bleibt, sind Resignation und die Lähmung aller Gefühle. Er denkt nur noch deprimiert: „Ich ziehe das irgendwie durch.“ Er hält sich in einem Zustand, in dem er alles Notwendige tut, aber nicht mehr sensibel ist, nicht für sich selbst und nicht für die Kinder. Dieses Verhalten kann, wenn es chronisch wird, zu einer Depression führen.

Ich halte gelegentlich vor Managern Vorträge zum Thema Stress und mache auch Übungen dazu. Beim Thema Lähmung, Gefühllosigkeit und Resignation horchen meistens einige Teilnehmer auf, und manchmal kommt dann die Frage: „Wie ist das jetzt bei mir? Ist das Totstellen, oder bin ich nur besonnen?“ Das ist eine gute Frage, denn auch „Totgestellte“ sind ganz ruhig, ganz gefasst. Man weiß eben selber nicht genau, was es ist. Spürt man sich selber noch? Spürt man die anderen noch? Die Prüfungsfragen, um herauszufinden, ob man vom lähmenden Totstellimpuls gepackt ist oder eben innere Ruhe besitzt, lauten: „Können Sie im Untergrund der Seele die Ohnmacht und die Überforderung spüren? Oder haben Sie Selbstvertrauen und empfinden die Situation als Herausforderung? Spüren Sie sich selbst und sind sie noch in der Lage, sich in andere einzufühlen?“ Die Antworten auf diese Fragen sind allerdings nur möglich, wenn man sich nichts vormacht und bereit ist, ehrlich die eigene innere Situation anzuschauen.

In meiner Skizze zu den drei Kräften ist Wut diejenige Kraft, die Energie freisetzt um zu kämpfen, ja um zu zerstören. Man will das zerstören, was einem im Weg steht. Wut ist eine expansive Kraft in der Seele. Die Angst hingegen, die zur Flucht treibt, ist eine Kraft, die eng, schmal und kalt macht. Bei der dritten Emotion, der Lähmung, zeigt sich eine Kraft, die wie in den Tod führt. Je nach Situation schießt eine dieser drei Kräfte in der Seele hoch, in dem das Ich sich ohnmächtig fühlt. Sie haben ihre Wurzel im Überlebenstrieb und helfen uns dabei, in bedrohlichen Situationen nicht zugrunde zu gehen. Es erscheint mir sehr wichtig, die positive Intention dieser instinktiven Reaktionen zu sehen und dafür dankbar zu sein, dass sie uns in Extremsituationen zur Verfügung stehen. Dass sie aber auch viel Schaden anrichten, gilt es allerdings auch zu erkennen.

Denn die automatisch in uns ablaufende Stressreaktion war zwar in den Jahrmillionen der Menschheitsevolution in der Wildnis sehr sinnvoll und kann auch heute noch bei physischer Lebensbedrohung lebensrettend sein. Wie sieht es aber bei uns stressgeplagten Mitteleuropäern aus? Normalerweise werden wir nicht von Löwen angegriffen. Meistens auch nicht von Halbstarken, gegen die wir uns körperlich zur Wehr setzen müssten. Wir werden auch nicht von unseren Chefs mit der Faust bedroht und müssen nicht zurückschlagen. Unser Terminkalender erhebt nicht die Hand gegen uns, sodass wir uns körperlich wehren müssten. Unsere Stress auslösenden Situationen sind meistens keine, auf die wir mit physischen Aktionen reagieren müssten. Und es sind auch keine akut lebensbedrohenden Situationen, etwa wenn ich in eine neue Gruppe komme und mich unter Stress fühle, weil ich denke: „Die halten alle nichts von mir, ich gelte hier nichts! Ich muss mich anstrengen, damit sie merken, dass ich überhaupt da bin." Wenn ich in der Gruppe unter Stress gerate, weil ich keine Anerkennung bekomme, nützt mir die Kampf- und Fluchtreaktion des Organismus überhaupt nichts. Mein Organismus reagiert aber so wie der eines Tieres, das um sein Leben kämpft, es entfalten sich aggressive Kampf- oder Fluchtenergien.

Stellen Sie sich einen Streit mit Ihrem Partner oder Ihrer Partnerin vor. Sie kommen unter Druck, Sie kommen in Stress, Sie mobilisieren all diese Energien, sind bereit zum Kampf um Leben und Tod, und dabei geht es nur darum, wer nun abspülen soll. Das ist absurd, wenn man sich das so vorstellt. Aber so ist es. Bei Konflikten, die in Menschengruppen oder in Partnerschaften vorkommen, ist das Fatale, dass je weiter der Konflikt getrieben wird, desto tiefer sinken die Menschen in ihrem Verhalten, und am Ende benehmen sie sich manchmal wie Tiere, die sich zerfleischen, wenn es nur noch darum geht: „Wer gewinnt hier, ich oder du? Und wenn die ganze Wohnung kaputtgeht und die Kinder kaputtgehen, ich möchte gewinnen. Ich möchte siegen!" Da wirken diese archaischen Überlebensmechanismen. Der Konfliktforscher Friedrich Glasl hat die Eskalationsstufen beschrieben, die bei diesem Weg in den Abgrund auftreten *(Glasl 2004)*. Es beginnt mit Verhärtungen und kämpferischen Streitigkeiten, führt schließlich zu Gewaltandrohungen und endet in einem Kampf, bei dem es um „alles oder nichts" geht und der beide Parteien gemeinsam in den Abgrund führt. Das geschieht allerdings nur, wenn die Menschen nicht innehalten, wenn sie nicht zur Besinnung kommen im instinktgetriebenen Kampf ums Überleben! Aufwachen zur Besonnenheit ist der zentrale Punkt, um Wege aus der Stressfalle zu finden.

4. WEGE AUS DER STRESSFALLE

Kommen wir nun zur entscheidenden Frage: Was kann man gegen Stress tun? Wie geht man damit um? Was soll man tun, wenn man abends von der Arbeit kommt und geladen ist mit Stressenergie? Wenn man unzufrieden ist, angespannt, genervt? Sind Zigaretten die Lösung? Oder Bier? Der Fernseher vielleicht? All das sind häufige Methoden, um sich zu betäuben. Der Stress verschwindet dadurch aber nicht wirklich, sondern er wird nur zugedeckt.

4.1 Aggressive Stressenergie konstruktiv nutzen

In vielen gesellschaftlichen Zusammenhängen gibt es eine Art unausgesprochener Übereinkunft, dass Wut und Aggressivität nicht gut seien und deshalb nicht gezeigt werden sollten. Eigentlich sollen wir im Umgang miteinander doch nett sein! Warum ist der Kollege oder die Kollegin so gereizt? Das macht man doch nicht! Was aber dann? Alles hinunterschlucken? Einfach nur nett und freundlich bleiben?

Ein konstruktiver Umgang mit der eigenen Aggression ist deshalb so wichtig, weil sich infolge der Kampf- und Fluchtreaktion Stresshormone in unserem Blut ansammeln, die auf die Dauer Gift für den Organismus sind. Wenn wir sie nicht abbauen und uns nicht von unserer Wut befreien, kehrt sich das Problem nach innen. Die malmenden Kiefer im Schlaf sind noch das Geringste. Stress kann zu Magengeschwüren führen, zu Atembeschwerden, zu Herz-Rhythmus-Störungen – viele psychosomatischen Krankheiten haben diesen Hintergrund: Die Stressenergie wird nicht abgebaut, sondern nach innen verdrängt, weil wir doch nett, freundlich und angepasst sein sollen.

Der Stressforscher Robert Sapolsky beschreibt in seinem Buch: „Warum Zebras keine Migräne kriegen" *(Sapolsky 1996)* den Stresszyklus beim Zebra: Wenn der Löwe brüllt, schießt beim Zebra die Stressangst in die Glieder und die Hormone fluten durch den Körper. Der Fluchtimpuls treibt es an und es rennt! Und wenn es genug gerannt und dem Löwen entkommen ist, legt es sich in die Sonne und döst. Durch das Rennen und das Dösen baut das Zebra seine Stresshormone ab. Aber wir zivilisierten Mitteleuropäer, wir sitzen im Auto, es ist Stau und wir kommen zu spät zur Arbeit. Die Stressenergie steigt hoch, irgendwie rasen wir doch noch zum Ziel, sind vielleicht schon zwei Minuten zu spät, aber wir können unsere angestaute Energie nicht entladen, indem wir die Kollegen anbrüllen, die auf der Treppe zu langsam gehen. Das wäre manchmal eine natürliche emotionale Reaktion. Wir nehmen uns stattdessen zusammen und schlucken den Ärger hinunter. Dann ist Pause, wir müssen mit Kollegen reden, ärgern uns vielleicht gleich wieder, schlucken den Ärger aber mit zusammen gebissenen Zähnen hinunter. Dann kommen wir nach Hause und da geht es unter Umständen gleich weiter mit dem Stress: mit den Kindern, der Frau oder dem Mann. Aber nirgendwo kann die Energie heraus!

Sapolsky hat sich bei seinen Stressforschungen auch über viele Jahre in Kenia mit wilden Pavianen befasst. Dazu beobachtete er frei lebende Paviankolonien mit über sechzig Tieren, die häufiger aufgrund sozialer Differenzen als durch Raubfeinde unter Stress gerieten. Somit stellen Paviane mit ihrer komplexen sozialen Organisation auch ein perfektes Modell für stressbedingte Erkrankungen beim Menschen dar. Bewaffnet mit einem Blasrohr und Betäubungspfeilen beobachtete er die Tiere, betäubte sie in bestimmten Situationen und entnahm ihnen eine Blutprobe, aus der dann die Konzentration von Stresshormonen bestimmt wurde. Das wissenschaftliche Ziel war, den Zusammenhang zwischen sozialen Faktoren und stressbedingten Erkrankungen zu erforschen. Die zentrale Frage „Warum kommen einige Tiere besser mit Stress zurecht als andere?“ versuchte der Verhaltensbiologe mit Blick auf die unterschiedlichen Lebenserfahrungen und Strategien der Paviane zu beantworten.

Bei den Pavianen gibt es ein Oberhaupt und sowohl bei den Männchen wie bei den Weibchen eine klare Rangordnung, die durch häufige Raufereien geklärt wird. Wenn nun ein Tier sich etwas zum Fressen besorgt hat und ein ranghöheres Tier kommt und schnappt es ihm weg, dann gibt es vielleicht eine kleine Rauferei: Der Schwächere bekommt Schläge. Und was tut der verprügelte Pavian nun? Er ist frustriert, er ist sauer, er hat sein Essen verloren und er ist verhauen worden. Er geht weiter und sucht sich den nächsten, der in der Rangordnung unter ihm steht, und verhaut nun diesen. Man kann sich vorstellen, was da passiert: Wenn einer anfängt, geht die Aggressionsentladung bis herunter zum Schwächsten. Sapolsky hat nun festgestellt, dass die Paviane, die durch das Verprügeln anderer Gruppenmitglieder eine Frustrationsentlastung suchen, relativ wenige Stresshormone im Blut haben. Es gibt allerdings auch unter den Pavianen welche, die ihre Frustration nicht durch aggressive Handlungen an Schwächeren auslassen. Sie ziehen eher den Schwanz ein und verkrümeln sich an einen sicheren Ort. Diese Paviane haben relativ viele Stresshormone im Blut.
Nun ließe sich daraus ableiten, dass Sie für Ihre Stresshormon-Regulation etwas Gutes tun, wenn Sie in dem Moment, in dem Sie gestresst nach Hause kommen, Ihren Frust an Ihrer Frau oder an Ihrem Mann auslassen würden. Ob sich diese Rechnung auszahlt, ist allerdings sehr fraglich, denn Sie bekommen vermutlich neue Schwierigkeiten. Also ist das nicht ratsam. Was ich mit der Geschichte von den Pavianen sagen will ist: Wir sammeln Stress in uns an und setzen diese Energie nicht um. Bei mir ist es so, dass ich, wenn ich wirklich in Stress komme, mich so fühle, als ob Gift in mir wäre

und mir etwas weh tut. Ich erlebe kein Wohlgefühl in meinem Körper, sondern etwas, das wie aus allen Poren giftet. Man sagt ja auch manchmal von Menschen, sie seien „giftig“. Vielleicht haben solche Menschen nur zu viel Stress in sich angesammelt, und das nicht nur seelisch, sondern konkret im Stoffwechsel nachweisbar.

Nachfolgend möchte ich Ihnen einige einfache Methoden vorschlagen, wie Sie Ihre aufgestaute Stressenergie abbauen können.

Stressabbau durch Körperbewegung

Menschen, die keine körperliche Arbeit verrichten, bauen u.U. fortwährend in kleinen oder größeren Stress-Situationen Aggressionsenergie auf, von der Sie sich meistens nicht durch körperliche Aktivitäten befreien. Bewegung, die allerdings nicht zu anspruchslos sein darf, ist die beste Möglichkeit für den Körper, Stresshormone abzubauen.

▸ Muskeln anspannen und entspannen

Ich möchte Ihnen dazu eine einfache Übung empfehlen, wie Sie z.B. im Büro angestaute Stressenergie in Bewegung und Muskelenergie umzusetzen können: Fassen Sie mit den Händen unter Ihren Sitz und stellen Sie beide Füße fest auf den Boden. Drücken Sie Ihre Füße fest auf den Boden und ziehen Sie sich mit Ihren Händen so stark Sie können an den Sitz heran. Spannen Sie dabei alle Muskeln Ihres Körpers an, auch im Gesicht. Halten Sie diese Anspannung ca. 10 Sekunden aus und entspannen dann, langsam vom Kopf aus beginnend, Ihren Körper. Atmen Sie dabei ruhig aus. Atmen Sie danach einige Male tief durch und probieren es gleich noch einmal. Wenn Sie diese Übung in einem Raum durchführen, in dem Sie ungestört sind, können Sie in der Anspannungsphase auch knurren und dabei Ihre angestaute Kampfenergie spüren. Und beim Ausatmen können Sie einen entspannten Ton von sich geben. Das wirkt zwar unkultiviert, aber es ist gesund! Wofür ist diese Übung gut? Wenn Sie Ihre Muskeln betätigen, verschwindet die Stressenergie. Wenn Sie Ihre Muskeln nicht betätigen, bleibt sie in Ihnen.

▸ Regelmäßige Bewegung

Als Fazit können wir festhalten: Jede Rolltreppe, die wir sehen, ist willkommen, ebenso jeder Aufzug. Denn die erinnern uns daran: „Wunderbar, Laufen ist angesagt! Energie umsetzen, Muskelbetätigung, Stressabbau!" Also nehme ich nicht den Aufzug, sondern ich gehe die Treppe hinauf! Das selbe gilt für jede Gartenarbeit, die auf Sie wartet, wenn Sie nach Hause kommen: „Wunderbar, jetzt kann ich das ganze Gift rausschaffen, weg damit!" Jede Wohnungsrenovierung oder welche körperliche Betätigung es auch sei: „Wunderbar, endlich kann ich meinen Stress loswerden, ich tue etwas für meine Gesundheit!" Tun Sie auf jeden Fall etwas, wodurch die Stressenergie in Ihrem Organismus tatsächlich körperlich abgebaut wird. Es ist sicherlich sinnvoll, regelmäßige Bewegung und Sport wie Joggen oder Walken oder Besuche im Fitness-Studio mehrmals wöchentlich einzuplanen.

Sich von emotionalen Spannungen befreien

Ich habe einmal mit Managern eines Konzerns ein Stress-Seminar abgehalten und dabei erläutert, wie wichtig es ist, sich nicht nur durch Bewegung, sondern auch emotional von der aufgestauten Stressenergie zu befreien. Ich habe mit ihnen geübt, heftig aufzustampfen und dabei einen kräftigen Schrei loszulassen. Einer der Manager, der ein sehr großes Verkaufscenter führte, erzählte danach: „Stellen Sie sich vor, ich gehe abends, wenn alle meine Mitarbeiter weg sind, manchmal durch die Hallen, stelle mich irgendwo hin und lasse so laut ich kann einen Schrei los. Das tut so gut!“ Ich kann Ihnen das nur empfehlen. Suchen Sie sich von Zeit zu Zeit Orte, an denen Sie einen Schrei loslassen können. Im Fußballstadion ist das auf jeden Fall möglich, besser ist es natürlich, wenn man dabei selbst körperlich aktiv sein kann!

▸ Schimpfen

Stress anzustauen ist immer eine Gefühlssache, denn auch die Frustrationen und die darauf folgenden Gefühle der Wut werden gestaut. Ein Vorschlag: Drücken Sie Ihren Ärger und Ihre Frustration aus. Schimpfen Sie laut, wenn Sie alleine sind. Maulen Sie einfach so vor sich hin, im Auto zum Beispiel: „Verdammt noch mal, warum hat er das gemacht!“ Reden Sie sich nicht ein: „Ich bin die Ruhe selbst!“ Denn diese Ruhe führt einen mörderischen Kampf gegen Ihre eigenen Organe. Nur Sie selbst können die Verantwortung für sich übernehmen, wenn der Stress in Ihnen wütet. Das laute Schimpfen ist eine Möglichkeit dazu. Probieren Sie es einfach mal aus.

▸ Seufzen

Wenn Sie frustriert und traurig sind, scheint es zunächst einfacher zu sein, wenn Sie sich vornehmen: „Ich bin zwar traurig, aber ich lasse mir nichts anmerken." Was aber passiert dabei? Die seelische Anspannung und die daraus erwachsende körperliche Anspannung, etwa in den Schultern, bleiben erhalten. Eine einfache Möglichkeit, diese körperlichen und seelischen Spannungen zu lösen, ist das Seufzen. Wenn Sie vor dem Seufzen die Schultern hochziehen und sie dann mit einem Seufzer entspannt nach unten sinken lassen, lösen sich innere und äußere Verkrampfungen. Achten Sie bei dieser Übung darauf, sich nicht in den Seufzer hinein fallen zu lassen. Das ist nicht gemeint. Der Kopf soll oben bleiben. Seien Sie mutig und lassen Sie mit dem Seufzer Anspannung und Frustration deutlich hörbar einfach heraus.

▸ Emotionales Jogging

Wenn Sie regelmäßig laufen, können Sie die emotionalen Früchte dieser Betätigung steigern, wenn Sie achtsam mit sich selbst umgehen. D.h. Sie bemerken, wann Sie langsamer laufen sollten, wann Energie da ist, das Tempo zu steigern und wann vielleicht eine Zeit des Gehens angesagt ist. All das hängt ja nicht nur mit Ihrer Kondition, sondern auch mit dem Gefälle im Gelände zusammen. Wenn Sie auf Ihren Atem und auf Ihren Puls achten, dann werden Sie auch spüren, wie Sie sich gerade fühlen. Ich möchte Ihnen nun vorschlagen, dass Sie während des Laufens auch Ihre Emotionen in Fluss bringen. Dazu ist es allerdings ratsam, dass Sie einsame Wege laufen, denn Sie könnten von anderen leicht missverstanden werden. Ich bin mir bewusst, dass die nachfolgend beschriebenen Übungen nicht „anständig" wirken, aber vom Gesichtspunkt der Stressbewältigung aus sind sie sehr gesund. Mein Vorschlag: Ausprobieren!

Was können Sie tun? Wenn es z.B. bergauf geht und Ihre Energie Sie verlassen will, dann können Sie versuchen, aggressive Energie im Bauch zu mobilisieren. Sie können Ihre Wutenergie innerlich gegen den Berg richten: Ich schaffe diese Steigung! Die Energie wird verstärkt, wenn Sie dabei vor sich hinfauchen oder knurren. Vielleicht kommt Ihnen dabei auch die Idee, einen Schrei loszulassen. Wenn es bergab geht und Sie sich eigentlich total erschöpft fühlen, dann können Sie auch diese Gefühle ausdrücken, indem Sie Ihre Arme entspannt schlenkern lassen, laut Seufzen und andere Entspannungstöne von sich geben. Wenn Sie viel Energie und Lebendigkeit in sich fühlen, dann können Sie einen Luftsprung machen und dabei laut jauchzen. Wenn Sie den Zugang zu den emotionalen Ausdrucksmöglichkeiten beim Joggen gefunden haben, dann werden Ihnen sicherlich noch viele andere Möglichkeiten einfallen, denn dann sind Sie in Kontakt gekommen mit Ihrer lebendig fühlenden Seele, die im Stress keinen Raum hatte, um sich zu entfalten.

▸ Singen

Der Hirnforscher und Psychologe Joachim Bauer hat in einem Vortrag[1] dargestellt, dass aus neurobiologischer Sicht das Singen neben der Bewegung die wirkungsvollste Methode ist, um aufgestauten Stress abzubauen. Ich möchte Ihnen verschiedene Möglichkeiten des *Stress-Wegsingens* beschreiben.

1. Singen Sie einfach drauflos, egal was es ist. Hauptsache Sie singen. Was ist daran gut? Der Atemorganis-

[1] Vortrag am 18.07.2008 im Rahmen der "International Summerschool on Business Mediation"

mus wird aktiviert, er wird lebendig. Sie müssen Luft holen. Außerdem werden Sie ja vermutlich etwas singen, das Ihnen gefällt. Das heißt, es ist eine gewisse Freude dabei, ein angenehmes Gefühl wird angeregt. Im Stress gibt es nicht sehr viele Freudegefühle, sondern hauptsächlich Druck. Sie können in der Badewanne oder unter der Dusche singen. Sie können sich abrubbeln, singen und sich dabei wohl fühlen. Auch im Auto kann man sehr gut singen.

2. Summen Sie. Gehen Sie zu den feinen Tönen über. Wenn Sie summen, vibriert das Gesicht, und der Kopf, der sonst so angespannte Ziele hat, wird weich. Weichheit in die Kopfgegend zu bringen und die feinen Töne zu suchen, lockt auch im Atem sozusagen die feineren Bewegungen hervor.

3. Experimentieren Sie damit, verschiedene Stimmungslieder zu finden und bleiben Sie nicht nur bei einer Melodie. Singen Sie zum Beispiel etwas Kräftiges, dann vielleicht etwas sehr Feines, oder etwas sehr Lustiges, Heiteres. Bringen Sie Ihre Seele in Bewegung, indem Sie unterschiedliche Stimmungen musikalisch ausdrücken.

4. Nehmen Sie keine bekannte Melodie, sondern improvisieren Sie selber Melodien. Verändern Sie ganz bewusst laut, leise, schnell, langsam, hart, weich. Versuchen Sie dabei immer, mit dem Gefühl mitzugehen. Fragen Sie sich, in welcher Stimmung Sie im Moment sind, wie Sie sich gerade fühlen. Suchen Sie für diese momentane Gestimmtheit eine Melodie. Wenn Sie das tun, werden Sie merken, dass die Gefühle ständig im

Fluss sind. Es kann Ihnen passieren, dass Sie mit einer leichten, leisen Melodie anfangen und dann auf einmal merken, wie die Energie in Ihnen wächst. Sie erleben vielleicht eine ganz starke Energie, die schließlich wieder abebbt, und dann folgt vielleicht noch etwas Weiches. Sie gelangen in das Gebiet der Seele, das in Fluss ist, und wenn Sie das schaffen, dann fangen Ihr Atem und Ihre Gefühle an zu fließen und zu leben.

Die aggressive Energie bewusst einsetzen

Es ist aber nicht nur wichtig, die angestaute Stressenergie abzubauen, sondern es geht auch darum, diese Energie konstruktiv zu nutzen. Besonders die aggressive Energie, die das Überleben im Stress sichern will, kann gebändigt und dadurch nutzbar gemacht werden. Das ist allerdings nicht einfach, denn wenn die aggressive Energie sehr stark ist, entfaltet sich in der Seele eine Kraft, die wir auch beim aggressiven Brüllen eines Tigers erleben. Man kann deshalb auch von der Tigerenergie in uns sprechen. Wenn man lernt, die Tigerenergie zu steuern, lernt man auch „den Tiger zu reiten“. Dazu möchte ich Ihnen einige Übungen zeigen:

▸ Den Tiger in sich spüren

Sie haben zwar nicht den Tiger im Tank, aber Sie haben den Tiger im Kiefer, denn Ihr Kiefer ist eines der intensivsten Willenszentren des Körpers. Was passiert dort im Stress? Im Stress beißen wir die Zähne zusammen, um durchzuhalten. Dabei werden die Muskeln hart und es entstehen Verspannungen in der Kiefermuskulatur. Der Wille im Kiefer wird dadurch blockiert. Manche Leute beißen nachts die Zähne zusammen und haben morgens Zahnschmerzen, obwohl gar keine Karies da ist. Eine der Stellen, an denen der stärkste Stresskrampf, der stärkste Durchhaltekrampf sitzen, ist der Kiefer. Gegen diesen Krampf kann man aber sehr einfach etwas tun: Öffnen Sie Ihren Mund weit, bewegen Sie den Kiefer und knurren Sie dabei wie ein Tiger. Wenn Sie es laut machen wie ein Tiger, ist es wirkungsvoller. Es ist mir bewusst, dass Sie das als unanständiges Verhalten betrachten können, aber dieses unanständige Verhalten ist hilfreich, denn das, was wir im Stress tun, ist wesentlich unanständiger. Es ist unserem Organismus gegenüber sehr unanständig, einen andauernden Krampf zu verursachen. Wer hat die Verantwortung dafür? Sie, als erwachsenes Ich. Kümmern Sie sich um Ihren Kieferkrampf, die Tigerübung hilft Ihnen. Bitte sparen Sie nicht den Atem und den Ton aus, weil es sonst eine etwas verkrampfte Angelegenheit wird. Spüren Sie die Tigerkraft in sich. Spannen Sie dabei auch die Fäuste an oder spüren Sie die Krallen an Ihren Händen. Betrachten Sie das Ganze als ein Spiel: Tun Sie so, als ob Sie ein Tiger oder eine Tigerin wären!

▸ Die Tigerenergie bewusst einsetzen

In konkreten Situationen, wenn die aggressive Tigerenergie in Ihnen hochschießt und Sie aus der Haut fahren wollen, kann es sinnvoller sein, diese Energie nicht hinunter zu schlucken, sondern sie gezielt einzusetzen. Als Lehrer beispielsweise muss ich in meiner Schulklasse rechtzeitig den Zeitpunkt bemerken, an dem ich ausraste und der Tiger in mir zu toben beginnt. Bevor das unkontrolliert passiert, ist es besser, diese Energie gezielt zu benutzen, indem ich konzentriert und mit meiner ganzen Präsenz klar mache: „Schluss jetzt!“

Dafür ist es überhaupt nicht notwendig, die Kinder zu beschimpfen: „Ihr seid unmöglich, das geht schon den ganzen Tag so, ihr seid ein faules Pack!" Mein innerer Tiger sollte mich nicht dazu treiben, die Kinder anzugreifen. Ich kann diese Stressenergie besser dazu benutzten, um kraftvoll zu sagen: „STOPP! Jetzt reicht's!" Wenn Sie das mit Ihrer Tigerkraft gesteuert tun, sind Sie emotional präsent. Da wird es schwer sein, Sie nicht ernst zu nehmen. Das ist die Verwandlung der Tigerenergie oder der Wut.

4.2 Achtsam mit sich selbst umgehen

Bewusstheit, bzw. Achtsamkeit ist die zentrale Fähigkeit, um sowohl die äußeren Gegebenheiten, als auch die inneren Reaktionen in Stress-Situationen klar wahrzunehmen und dann auch verantwortlich darauf reagieren zu können.

Anspannen und Entspannen ausbalancieren

Die Fähigkeit, im richtigen Moment entspannen und loslassen zu können, entscheidet wesentlich darüber, mit wie vielen bedrängenden Aufgaben sich jemand belasten kann. Wer von Stress beherrscht wird, kann meistens nicht mehr loslassen, selbst wenn von außen kein Druck mehr kommt. Körperlich, seelisch und geistig ist ein solcher Mensch auf Arbeits- bzw. Kampfbereitschaft getrimmt, und die Umstellung auf Ruhe und Entspannung fällt schwer. Das lässt sich aber wieder erlernen. Am besten ist es, die natürlichen Entspannungsregungen des Körpers zu pflegen: Seufzen, Gähnen, Räkeln, Kuscheln, sich fallenlassen, ...
Dadurch wird man das Bedürfnis verspüren, es sich gemütlich zu machen und zu genießen: schöne Musik,

Zärtlichkeit, Natur. Auch Hobbys haben hier eine wichtige Bedeutung. Menschen, die diese Gemütsseiten ausgebildet haben, sind wesentlich stressresistenter als andere.

▸ Schulterkuscheln

Ich möchte Ihnen dazu eine einfache, aber sehr wirkungsvolle Übung zeigen. Viele Menschen haben ein großes Defizit an liebevoller Zuwendung. Menschen, die liebevoll miteinander umgehen können, helfen sich, negative Spannungen loszulassen. Nun ist das aber nicht immer möglich, denn oftmals fehlt die andere Person, die nett zu einem sein könnte, oder der Partner oder die Partnerin ist gerade nicht gewillt, nicht in der Stimmung oder zwischen beiden schwelt ein Konflikt. Ich möchte Ihnen eine Methode zeigen, wie Sie mit sich selber freundlich und liebevoll sein können, und zwar an einer entscheidender Stelle, da, wo der Stress in der Muskulatur am hartnäckigsten festsitzt: im Schulter- und Nackenbereich. Nehmen Sie die rechte Schulter hoch und legen Sie die rechte Backe zur Schulter. Reiben Sie Backe und Schulter sanft aneinander. Machen Sie dazu einen Ton: „Mhhmm!“ Tun Sie dasselbe mit der anderen Seite: „Mhhhmmm“. Wechseln Sie das immer wieder ab. Sie können dabei auch die Arme nach oben strecken. Wenn Sie das mit einer liebevollen und netten Haltung machen, entspannt sich dieser ganze Bereich, der ganze Krampf in den Schultern und im Nacken wird weich. Schulterkuscheln ist eine sehr wirkungsvolle Entspannungsmethode.

Erholungsbedürfnisse ernst nehmen

Unsere Gesundheit hat viel damit zu tun, die richtige

Balance zwischen Lebens- und Bewusstseinsvorgängen zu finden. Wenn wir schlafen, regenerieren wir uns. Wir tanken auf, schalten sozusagen unser Bewusstseinslicht aus und überlassen uns den aufbauenden Lebensvorgängen. Bei genauerem Hinschauen zeigt sich allerdings, dass unser alltägliches Wachbewusstsein nicht kontinuierlich wach ist, sondern dass es durchzogen ist von kleinen Schlafmomenten. Immer dann, wenn wir beim Blinzeln kurz die Augen schließen, geschieht ein kleiner Schlaf.
Menschen, bei denen man in Versuchen für viele Stunden die Augenlider hochgehalten hat, zeigten dieselben Phänomene wie Menschen, die man nicht schlafen lässt. Aber auch mit offenen Augen sind Schlafmomente möglich, etwa wenn man mit leerem Blick vor sich hin träumt. Wenn wir diese Schlafmomente nicht hätten, würden wir nie den Tag überstehen, jedenfalls nicht bei klarem Kopf. Wir wären vollkommen gestresst und überfordert. Was heißt das?

Wenn wir uns nachts hinlegen, den Kopf ausschalten und das Bewusstsein loslassen, regenerieren wir im Schlaf, sodass wir morgens mit frischen Kräften aufwachen und wieder von Neuem das Bewusstseinslicht benutzen können, um den Tag über wach zu sein – allerdings mit vielen eingesprenkelten Schlafmomenten. Beim Menschen, deren Selbstregulationsfähigkeiten intakt sind, gibt es eine gesunde Reaktion auf Stress-Müdigkeit, die man als Pausenbedürfnis bezeichnen kann. Wenn man zum Beispiel am Schreibtisch arbeitet, entsteht nach einer gewissen Zeit von selbst das Bedürfnis, sich zu räkeln, sich zu strecken, zu gähnen oder aufzustehen. Es kann sich auch Hunger, Durst oder ein

Drang auf die Toilette zeigen. Dahinter steht das grundlegende Bedürfnis, die Bewusstseinsanstrengungen des Kopfes zu unterbrechen und sich den Lebensvorgängen zu überlassen. Bei Forschungen zu biologischen Rhythmen hat man herausgefunden, dass die Zeit des konzentrierten Arbeitens bei den einzelnen Versuchspersonen zwar etwas unterschiedlich war, dass sich aber ungefähr nach 90 bis 120 Minuten bei allen ein Pausenbedürfnis eingestellt hat *(Vopel 1994)*. Wir hätten überhaupt kein Problem mit Stress, wenn wir unsere Pausebedürfnisse spüren und ernst nehmen würden. Wir haben es aber häufig verlernt, sie wahrzunehmen. Die Stressreaktion selbst führt uns in die Irre, denn durch die Ausschüttung von Adrenalin fühlt man ja Energie in sich freiwerden. Die Opiate im Gehirn rufen gute Gefühle hervor, man ist sogar leicht „high". Da braucht man doch nicht auf seine Pausenbedürfnisse zu achten! Wenn sich der Magen meldet oder der Wunsch nach frischer Luft oder nach Räkeln, dann stört das nur, denn man will ja schließlich an der Arbeit dranbleiben. Der Kopf will seine Ziele erreichen. Der Bauch aber, das Lebenszentrum, ruft: „Pause, Pause, Pause, ich kann nicht mehr!" Und dazwischen ist das Herz, ist das Fühlen, ist der Atem. Der wird regelrecht zerdrückt. Dieses *Weiter, Weiter, Weiter* bewirkt, dass Atemnot entsteht, der Atem flach und gehetzt wird. Die gesunde Balance zwischen unserem Atem und unserem Herzschlag geht dabei verloren. Im gesunden Zustand sind Atem und Herzschlag bei jedem Menschen in einer individuellen Weise aufeinander abgestimmt. Das ist jeweils ein bestimmter Rhythmus, der sich auch entsprechend der momentanen Anstrengung verändern kann. Wenn man ein Belastungs-EKG macht, wird genau dieser Rhythmus aufgezeichnet. Im Stress wird die individuelle Balance zwischen Herzschlag und Atem gestört, das Herz fängt an, in einem ungesunden Rhythmus zu schlagen. Wir verlieren das Erleben einer gesunden rhythmischen Mitte im Brustbereich.

Aber nicht nur das physische Herz und der physische Atem sind nachweisbar im Stress gestört. Wir kommen auch seelisch „außer Atem“, und unser Herz, unsere Fähigkeit zum Mitfühlen, unsere Wahrnehmung der eigenen Not, der Ruf unseres Lebensorganismus nach „Pause, Pause, Pause!“ – all das ist nicht mehr gegeben. Denn die Instanz in uns, die das Pausenbedürfnis wahrnehmen und Mitgefühl mit sich selber haben könnte: „Junge, Junge, Junge, du machst dich heute aber wieder fertig!“, die ist durch den Stressmechanismus deformiert. Die nachfolgenden Anregungen können Ihnen dazu verhelfen, Ihre Pausenbedürfnisse mehr in den Blick zu bekommen.

‣ Pausen-Check

Ich schlage Ihnen vor, sich einmal schriftlich darüber Rechenschaft abzulegen, wie viele Pausen Sie im Laufe eines Tages gemacht haben. Nehmen Sie doch einfach den letzten intensiven Arbeitstag: Wie oft haben Sie Ihre Arbeit unterbrochen und eine Pause eingelegt? Dieselbe Überprüfung können Sie mit einer ganzen Woche machen: Wie waren in der letzten Woche Zeiten der Anstrengung mit Zeiten der Erholung und Regeneration verteilt? Möglicherweise ist diese Überprüfung für Sie ein Anlass, sich mehr Zeit zur Regeneration einzuplanen.

▸ Bewusst Pausen einlegen
Wenn Sie am Schreibtisch arbeiten, machen Sie nach ca. 90 Minuten eine kurze Pause. Räkeln Sie sich, stehen Sie vom Schreibtisch auf, gehen Sie ein paar Schritte oder trinken Sie etwas. Damit Sie sich am PC nicht selbst vergessen, können Sie auf einer Software eine Eieruhr einstellen, die Sie nach einer bestimmten Zeit durch einen Signalton daran erinnert: Jetzt ist Pausenzeit! Unter *www.phoenixsoft.de* können Sie kostenlos eine Mini-Eieruhr herunterladen und auf Ihrem PC installieren.

Die Praxis der Achtsamkeit üben

Der amerikanische Arzt und Medizinprofessor Jon Kabat-Zinn hat in seiner Stressklinik in Massachusetts, ausgehend von der buddhistischen Achtsamkeitsmeditation Vipassana, einen neuen Ansatz der Stressbewältigung entwickelt. Er basiert auf zwei Säulen:

1. auf der Sensibilisierung der Körperwahrnehmung: Sie geschieht einerseits durch einfache Yogaübungen und andererseits durch eine Körperwahrnehmungsübung, die er Body-Scan nennt.

2. auf einer Meditationstechnik, bei der es darum geht, in der eigenen Mitte zu ruhen und mit einer mitfühlenden und nichtwertenden Bewusstheit wahrzunehmen, was im Bewusstsein auftaucht.

Jon Kabat-Zinn setzt mit seinem Konzept der „Mindfulness Based Stressreduction“ genau an den Punkten an, die vom Gesichtspunkt der Selbststeuerung aus gesehen zentral sind: Die mitfühlende, sensible Selbstwahrnehmung geht verloren und durch das Erleben der Ohnmacht verlieren wir unsere Mitte. Diese Form der Stressbewältigung ist mittlerweile in den USA in vielen Kliniken verbreitet, und auch in Deutschland wird sie immer mehr diskutiert. Auch der Leitartikel des SPIEGEL vom 24. 11. 2008 beschäftigte sich damit. In seinem Buch „Gesund durch Meditation“ beschreibt Jon Kabat-Zinn sein Konzept. In dem kleinen Büchlein „Stressbewältigung durch die Praxis der Achtsamkeit“ *(Kabat-Zinn 1999)* ist das Vorgehen kurz beschrieben und eine beiliegende CD leitet zum Üben an. Ich möchte Sie dazu anregen, den Body-Scan und die Sitzmeditation auszuprobieren:

▸ Body Scan
Legen Sie sich entspannt auf den Rücken. Die Beine liegen nebeneinander und die Arme neben dem Körper. Tasten Sie Ihren Körper innerlich ab, spüren Sie bewusst, wie sich die einzelnen Körperteile anfühlen. Beginnen Sie mit den Zehen des linken Fußes, wandern Sie mit Ihrer spürenden Aufmerksamkeit durch das linke Bein zum Becken, beginnen Sie dann mit dem rechten Fuß und wandern Sie durch das Bein zum Becken. Spüren Sie dann aufwärts durch den Rumpf, die Lenden, den Bauch, das Kreuz und die Brust bis in die Schultern. Beginnen Sie dann mit den Fingern der linken Hand, den linken Arm hinauf bis zu den Schultern und dann dasselbe mit der rechten Hand, dem rechten Arm hinauf bis zu den Schultern. Spüren Sie dann Ihren Hals, Ihr Gesicht, den Hinterkopf und den Scheitel. Sie können das Spüren der einzelnen Körperbereiche intensivieren, indem Sie in den Köperteil, den Sie gerade spüren, mehrmals hinein und aus ihm heraus-

atmen. Dadurch können sich Spannungen und Stauungen lockern.
Betrachten Sie diese Körper-Spürübung als einen Weg, Ihren Körper intim kennen zu lernen, ihn zu entspannen und zu reinigen. Wenn Schmerzen auftauchen, dann versuchen Sie trotzdem, die beschriebene Reihenfolge einzuhalten. Wenn es sehr schlimm wird, wenden Sie sich dem schmerzenden Körperteil zu und atmen Sie in den betreffenden Bereich hinein und wieder aus ihm heraus. Bleiben Sie konzentriert bei der Sache. Es ist gut, wenn Sie diese Übung einige Wochen lang täglich durchführen.

▸ Achtsamkeits-Sitzmeditation

Suchen Sie sich einen Ort, an dem Sie ungestört sitzen können. Setzen Sie sich aufrecht und ohne anzulehnen auf einen Stuhl. Lassen Sie sich innerlich nieder, d.h. spüren Sie die Sitzfläche und die Berührung Ihrer Füße mit dem Boden. Achten Sie zunächst auf das Ein- und Ausströmen Ihres Atems. Lassen Sie die Atembewegung natürlich geschehen und nehmen Sie alle Empfindungen und Gefühle, die damit zusammenhängen bewusst wahr. Wenn Sich andere Empfindungen oder Gedanken aufdrängen wollen, dann nehmen Sie sie genau wahr ohne daran haften zu bleiben. Kehren Sie mit Ihrer Aufmerksamkeit immer wieder zum Atem zurück. Wenn sich Impulse aufdrängen, Ihren Körper zu bewegen, dann folgen Sie diesen Impulsen möglichst nicht. Beobachten Sie diese drängenden Impulse und auch auftretendes Kribbeln oder Schmerzen, spüren Sie diese unangenehmen Empfindungen ohne daran haften zu bleiben. Kehren Sie immer wieder zum Atem zurück. Mit der Zeit können Sie eine Form der inneren

Wachheit und Bewusstheit entwickeln, die spürend wahrnimmt ohne zu bewerten und zu urteilen. Diese Bewusstheit nimmt auch das Bewerten und Urteilen wahr. Vermutlich werden Sie aber auch die Erfahrung machen, dass Sie von Gedankenketten mitgerissen werden und Ihre Bewusstheit dabei verlieren. Wenn Sie das bemerken, dann kehren Sie einfach wieder zum ruhigen Spüren des Atems zurück.
Es ist gut, wenn Sie diese Meditation einige Wochen lang jeden Tag durchführen. In der Stressklinik dauern die Kurse acht Wochen. Wer teilnehmen will, muss sich verpflichten, diese Meditation regelmäßig durchzuführen. Sie können Sich selbst gegenüber solch eine Verpflichtung eingehen!
Die Teilnehmer in der Stressklinik sind größtenteils schwerkranke Menschen. Das Meditationsprogramm ist eine Begleitmaßnahme zur medizinischen Therapie. Sie berichten, dass sich der Umgang mit Ihrer Krankheit und mit ihren Schmerzen durch diese Meditationsübungen sehr zum Positiven hin verändert hat. Tiefe Gefühle der Entspannung stellen sich ein aber vor allem entwickelt sich eine innere Ruhe und Festigkeit, die den Menschen hilft, gelassener, klarer und verständnisvoller mit dem umzugehen, was auf sie zukommt. Was Antonovsky das Kohärenzgefühl nennt, wird durch diese Übungen gestärkt.

4.3 Die Besonnenheit zurück gewinnen

Die Stressreaktion erfolgt, wie wir gesehen haben, ohne Mitwirkung unseres bewussten Ich, denn das bewusste Ich ist durch das Erleben der Ohnmacht entmachtet. Instinktiv folgen wir den aufschießenden Emotionen: dem angstgetriebenen Fluchtimpuls oder dem wutge-

triebenen Angriffsimpuls. Wir werden von seelischen Automatismen bestimmt und sind deshalb unfrei. Eine grundlegende Fähigkeit für konstruktives Verhalten in Stress-Situationen besteht folglich darin, diesen Reiz-Reaktions-Mechanismus zu durchbrechen. In der Praxis heißt das, aus der unbewussten Gefühlsebene wieder in die bewusste Handlungsebene zu gelangen: Ärger, Wut, Beleidigtsein und andere Emotionen werden dann nicht mehr unbeherrscht ausgelebt, sondern man versucht, einen kühlen Kopf zu bewahren und sich einen Raum der Besinnung zu schaffen. Erst dann hat man wieder die Wahlfreiheit, wie man handeln will.
Die Überwindung des Reiz-Reaktionsverhaltens hängt einerseits mit unseren tief verwurzelten Verhaltensmustern zusammen, andererseits mit unserer Ich-Fähigkeit zur Besonnenheit und Geistesgegenwart.

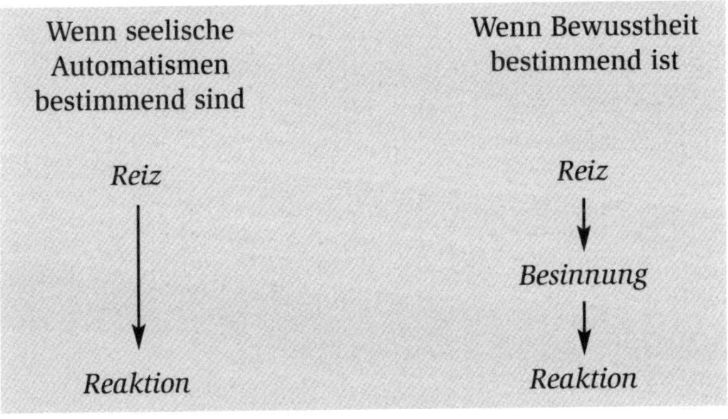

Abb. 4: Reiz – Besinnung – Reaktion (aus: Ballreich/Glasl 2007)

Stress-Verhaltensmuster überwinden

Ich möchte Ihnen von mir persönlich erzählen. Vor einigen Jahren habe ich sehr darunter gelitten, dass ich ständig überlastet war, denn mein Terminkalender war rund ums Jahr immer übervoll. Ich habe aus der selbst gebauten Stressfalle aber herausgefunden, indem ich mir alle meine Geschäftsfelder angeschaut und Prioritäten gesetzt habe. Prioritäten zu setzen erschien mir am wichtigsten, um den Termindruck zu überwinden. Dazu gehörte auch, Dinge loszulassen, die „nicht ganz so wichtig" waren. Ich musste unterscheiden lernen, was ich weglassen und was ich lieber ausbauen wollte. Es hat funktioniert. Ich habe mich selbst gelobt und gedacht: „Oh prima, ich habe es geschafft, ich komme nicht mehr in Stress mit dem Terminkalender." Und kaum, dass ich das gedacht hatte, füllte sich der Terminkalender schon wieder! Ständig kamen Aufgaben auf mich zu – alles schöne und interessante Sachen natürlich, aber es war einfach zu viel. Das Nein-Sagen, das Festlegen von Prioritäten und das Wissen darum, worauf es wirklich ankommt, muss eben in jedem Moment neu praktiziert werden. Und das gelingt nur, wenn man die eigenen tiefer liegenden Verhaltensmuster erkennt und verändert. Es sind eben oft gar nicht die äußeren Situationen, die Stress erzeugen, sondern die individuellen Verhaltensmuster. Jeder hat sein persönliches Stress-Muster, das gekennzeichnet ist durch bestimmte Haltungen und Einstellungen, z. B.

- Nicht „Nein" sagen können,
- Selbstüberschätzung beim Einteilen der Termine,
- Durchhalten wollen, und sei es auf Kosten der Gesundheit,
- Alles selber erledigen wollen.

Solche Verhaltensmuster und die dahinter liegenden Auffassungen hängen meistens mit Kindheitserfahrungen zusammen, wo ähnliche Verhaltensweisen geholfen haben, schmerzvolle Situationen zu überstehen oder zu vermeiden. Deshalb ist damit die Überzeugung verbunden: „So wie ich es mache, ist es absolut richtig! Es geht nicht anders!" Weil diese Prägungen in unseren Gewohnheiten verankert sind und auch mit unserem Selbstbild und Selbstgefühl eng verknüpft sind, ist es so mühsam, sich selbst auf die Schliche zu kommen, die alten Muster loszulassen und neue Wege einzuschlagen. Der erste Schritt besteht darin, die eigenen Verhaltensmuster zu erkennen.

▸ Stress-Verhaltensmuster erkennen

Ich vermute, jeder von Ihnen hat ganz bestimmte Aufgaben zu lösen, jeder von Ihnen hat persönliche Verhaltensmuster, sodass immer wieder dasselbe passiert – in veränderter Tonart zwar, aber immer wieder dasselbe. Wenn Sie wirklich etwas gegen Ihren Stress unternehmen wollen, ist ehrliche Selbsterkenntnis notwendig: Setzen Sie sich hin und versuchen Sie eine schriftliche Auseinandersetzung mit Ihrem Stressverhalten:

- Welche äußere Situationen bringen mich in Stress?
- Welche inneren Einstellungen bringe ich den äußeren Situationen entgegen?
- Was sind meine typischen Verhaltensweisen, die sich fortwährend wiederholen und die verhindern, dass ich das tue, was ich eigentlich als vernünftig ansehe?

Versuchen Sie, sich selbst auf diese Weise auf die Schliche zu kommen!

▸ Stress-Verhaltensmuster verändern

Tief sitzende Verhaltensmuster zu verändern gehört zum Schwierigsten bei der Selbsterziehung. Denn diese Muster hängen mit fest verankerten Überzeugungen über die eigene Person, über die Beziehung zu anderen, über das, was im Leben eigentlich zählt, zusammen. Sie sind eng verknüpft mit Emotionen und Antrieben, die in der Seele auftauchen, ohne dass unser besonnenes Bewusstsein darauf Einfluss hätte. Was hier weiter hilft, ist eine Auseinandersetzung mit den ganz persönlichen Lebensthemen und das schrittweise Erkennen und Verändern des eigenen Verhaltens. Als anregendes Buch möchte ich Ihnen dazu empfehlen „Was Sie stark macht. Verborgene Kräfte aktivieren“ von Susanne Breuninger-Ballreich. Dort finden Sie viele Anregungen zur Selbstwahrnehmung und Selbstreflexion. Die einzelnen Schritte der Selbsterkenntnis können dazu führen, dass sich der zwingende Charakter bisheriger Verhaltensmuster lockert. Dadurch entsteht immer öfter die Möglichkeit, anders zu handeln als gewohnt. Der Raum für das bewusste, sich selbst bestimmende Ich vergrößert sich.

Manchmal sind es allerdings erst schlimme Schicksalsschläge, die ein intensiveres und schnelleres Erkennen der eigenen psychischen Automatismen ermöglichen: eine ernsthafte Erkrankung, das Scheitern einer Beziehung, der Verlust der Arbeit, das Nichtbewältigen eines sozialen Konflikts oder ein Burn-out-Syndrom. Solche massiven seelischen Erschütterungen können nach der Überwindung des anfänglichen Tiefpunkts manchmal zu einer Wende führen.

Verantwortung für sich selbst übernehmen

Es stellt ich die grundsätzliche Frage, warum die meisten Menschen keine Verantwortung für ihre Stressreaktionen übernehmen. Warum lassen wir diese Reaktion so über uns kommen? Warum lassen wir uns von den Stressemotionen treiben? Warum sind wir nicht stark genug? Eine mögliche Antwort ist: Weil wir nicht wirklich mit beiden Beinen auf dem Boden stehen und Verantwortung für unser äußeres und inneres Leben übernehmen. Fragen Sie sich, wer schuld ist an Ihrem Stress? Ich vermute, es würde eine lange Aufzählung kommen: mein Chef, meine Frau, meine Kinder, meine Arbeitssituation, meine Eltern, weil sie mir keine gute Ausbildung ermöglicht haben. Es gibt viele Schuldige. Solange wir uns diese Ausrede erlauben, haben wir keine Veranlassung, Verantwortung zu übernehmen für das, was in uns passiert. Wenn die anderen schuld sind und man immer nur erwartet, sie sollten sich doch gefälligst ändern, solange hat man für das, was hier und jetzt im eigenen Inneren geschieht, keine volle Verantwortung übernommen. Die Haltung, sich mit Erwartungen nur nach außen zu richten, ist eine typische und erlaubte Haltung von Kindern, denn Kinder sind noch nicht erwachsen, sie sind noch nicht selbständig, sie haben das Recht, zu erwarten, dass die Eltern sich um sie kümmern, dass die Mutter das Essen kocht und dass sie getröstet werden. Das ist völlig in Ordnung, wenn es sich im Laufe des Heranwachsens Schritt für Schritt ändert und sich im Laufe der Jahre die Fähigkeit zur Selbstverantwortung entwickelt. Im Umgang mit Stress-Situationen haben wir Erwachsene aber eine Haltung wie Kinder: Wir erwarten, dass sich die Verhältnisse ändern mögen, damit wir keinen Stress mehr erleiden. Diese Seite in uns hat es im Laufe der persönlichen Entwicklung nicht geschafft, bestimmte kindliche Erwartungen abzulegen und erwachsen zu werden. Wir haben sozusagen noch Einsprengsel von Kindsein in uns.

Zum anderen gibt es eine seelische Instanz, die uns als innerer Antreiber nicht in Ruhe lässt. Sie weiß immer ganz genau, was man eigentlich tun müsste: „Hättest du doch jeden Morgen Gymnastik gemacht! Hättest du doch regelmäßig deine Meditationsübungen gemacht, würdest du jetzt keinen Stress erleben. Du wärst die Ruhe selbst.“ Und was ist die Reaktion des inneren Kindes, einer anderen Instanz in unserer Seele? „Ich schaffe das nicht. Ich habe nicht genug Zeit. Wenn ich nicht so viel Arbeit hätte, wäre es möglich.“ Es bleibt die Frage, wo das erwachsene Ich bleibt, das sowohl diesem Antreiber als auch dem inneren Kind mit Bewusstsein und Verantwortung gegenüber tritt: „Hier ist mein voller Terminkalender, ich bin unter Druck, ich spüre die Stressreaktion in mir. Aber nur ich als erwachsenes Ich und niemand anderes kann das verändern.“ Es ist ein innerer Entschluss, in einer solchen Situation seine Geschicke selbst in die Hand zu nehmen.

▸ Ich bin Herr im Haus

Wie geht es Ihnen? Kennen Sie die Standardsätze Ihres inneren Antreibers? Ich schlage Ihnen vor, sich als Herr in Ihrem eigenen Seelenhaus zu betrachten und von dieser souveränen Position aus Ihrem Antreiber gegenüber zu treten und ihn in die Schranken zu weisen. Sie können ihm auch Recht geben, wenn Sie aufgrund Ihrer Überlegungen zu einem ähnlichen Entschluss kommen wie Ihr innerer Antreiber. Wichtig ist: Sie bestimmen, d.h. Sie lassen sich nicht treiben!

Die Ichkräfte stärken

Wenn man nicht nur auf bereits eingetretene Stress-Situationen und Stressfolgen reagieren, sondern auch prophylaktisch zukünftigem Stress vorbeugen will, kann man die eigenen Ichkräfte und Fähigkeiten so weiter entwickeln, dass nicht so schnell eine Überforderung eintritt. Die eigene Leistungsfähigkeit wächst, und schwierigere Aufgaben können als positive Herausforderungen erlebt werden. Körperliche, seelische und geistige Fitness sind dafür wichtig.

▸ Körperliche Fitness entwickeln

Gehen, Laufen, Gymnastik oder Mannschaftsspiele steigern die Kondition und erhöhen die Spannkraft und Elastizität des Körpers. Die eigene Körperwahrnehmung vermittelt einem dadurch anstatt Müdigkeit ständig ein frisches Kraftgefühl. Ein körperlich durchtrainierter Mensch steht auch anders auf dem Boden, sein Schritt ist sicherer und Widerstände überwindet er leichter. Standhaftigkeit, Vorangehen und die Überwindung von Widerständen sind aber nicht nur körperliche, sondern auch seelische Fähigkeiten, die bei der Arbeit wichtig sind.

▸ Seelische Fitness und das soziale Netz stärken

Emotionale Belastbarkeit hat viel damit zu tun, wie wir unsere Gemütsseiten pflegen. Wie viel Zeit nehme ich mir für Gemütlichkeit, für Hobbys, für Dinge, die mir Spaß machen? Ich denke, jeder kann für sich selbst herausfinden, welche Tätigkeiten dazu geeignet sind, die

Seele durchatmen und auftanken zu lassen. Dazu können auch künstlerische Betätigung oder religiöse Handlungen gehören. Manche Menschen können am besten in der Natur auftanken. Um seelisch fit zu bleiben, sind zudem menschliche Beziehungen besonders wichtig: ein Eingebundensein in ein soziales Netz und das erfüllende Zusammensein mit Freunden und Familie. Der Stressforscher Hans Selye antwortete auf die Frage, was man gegen Stress tun kann: „Erwirb die Liebe Deines Nächsten!"

▸ Die "geistigen Muskeln" trainieren

Konzentrations- und Meditationsübungen sind am wirkungsvollsten, um unsere „geistigen Muskeln" zu stärken, um geistige Fitness zu entwickeln. Denn dabei sammeln wir unseren Geist in seinem Kern, wir zentrieren uns. Wenn es gelingt, unsere geistige Mitte zu stärken, können wir in angespannten Situationen nicht so schnell aus der Ruhe gebracht werden, wir bleiben in der Herausforderungszone und erleben uns nicht so schnell als ohnmächtig. Das ist auch einer der wesentlichsten Gründe, warum manche Menschen sehr viele oder sehr anspruchsvolle Aufgaben bewältigen können, ohne in Stress zu geraten: Sie haben mehr Präsenzkraft, mehr Mittekraft entwickelt. Ich möchte Ihnen dazu einige Übungen zeigen:

▸ Bewusstes Schreiben

Setzen Sie sich an einem ruhigen Ort an einen Tisch und legen Sie ein Papier auf eine feste Unterlage. Wählen Sie einen Stift, der weder zu weich noch zu hart schreibt. Stellen Sie Ihre Füße hüftbreit nebeneinander auf den Boden und nehmen Sie eine aufrechte Haltung ein. Wichtig ist, dass Tisch- und Stuhlhöhe so zueinander passen, dass Sie entspannt Ihre Arme auf der Tischplatte halten können. Wählen Sie einen Text aus, den Sie schreiben wollen. Es kann z.B. ein Gedicht- oder ein Liedtext sein, den Sie auswendig können. Beginnen Sie nun ganz langsam, Buchstabe für Buchstabe, zu schreiben, sodass Sie in jedem Moment der an der Spitze des Stiftes entstehenden Linie mit Ihrem Auge und Ihrer Aufmerksamkeit folgen können. Besonders bei Krümmungen ist es wichtig, aufmerksam zu bleiben. Sie werden bemerken, dass das gar nicht so einfach ist! Je gestresster Sie sind, desto mehr wird der Stift die Tendenz haben, Ihrer Aufmerksamkeit vorauszueilen. Wenn es Ihnen aber gelingt, 10 Minuten konzentriert zu schreiben, werden Sie sich danach ruhiger und mehr bei sich fühlen. Diese Übung ist eine direkte Stärkung unserer Präsenz- und Aufmerksamkeitskraft. Man sollte sie am besten einige Wochen lang täglich durchführen. Rudolf Steiner schlägt sie zur Stärkung der Ichkraft und zur Überwindung von Nervosität vor *(Steiner 2000)*.

‣ Einen Anfang setzen

Wenn Sie gerade eine einfache Tätigkeit ausführen wollen, z.B. einen Kugelschreiber in die Hand nehmen oder vom Stuhl aufstehen, können Sie vor der Handlung einen Moment stoppen, sich genau vorstellen, was Sie gleich tun wollen und dann jeden kleinen Schritt dieser Handlung sehr bewusst ausführen. Besonders spannend ist es, den Anfangsmoment der Handlung bewusst wahrzunehmen. Wenn Sie diese Übung im Laufe des Tages immer wieder durchführen, indem Sie einfach vor einer Handlung kurz stoppen und dann sehr bewusst bei dem sind, was Sie tun, stärkt das Ihre „Bewusstheitsmuskeln“. Mit der Zeit verändert sich dadurch Ihre Fähigkeit, sehr bewusst zu handeln. Sie können dabei die beglückende Erfahrung machen, dass Sie einen Anfang setzen können. Diese Übung beschreibt Georg Kühlewind in seiner Anleitung zu Meditation „Licht und Freiheit“ *(Kühlewind 2004)*.

Gegenstandskonzentration

Wählen Sie einen konkreten, menschengeschaffenen Gegenstand, etwa einen Löffel, eine Gabel, ein Messer oder eine Tasse. Es sollte ein Gegenstand sein, der keine besondere Bedeutung für Sie hat. Stellen Sie ihn sich vor und versuchen Sie, sein Bild 2 bis 3 Minuten lang ruhig vor Ihrem inneren Auge zu halten, ohne an etwas anderes zu denken. Wenn der Gegenstand verschwinden will, blicken Sie ihn innerlich an, als ob Sie ihn fragen wollten: „Wo bist Du?“ Wenn er gar nicht mehr auftaucht, können Sie sich vorstellen, ihn an einem bestimmten Ort zu entdecken. Sie werden bemerken, dass diese Übung gar nicht so einfach ist. Aber wenn Sie sie täglich durchführen und die Übungszeit allmählich auf 5 bis 10 Minuten ausdehnen, haben Sie ein einfaches Mittel, um sich in Ihre Mitte zu bringen. Denn das Erstaunliche ist, dass der Gegenstand nur dann still vor dem inneren Auge ruht, wenn der schauende Geist ruhig und konzentriert ist. Diese einfache Übung, die man als tägliches Training für den Geist anwenden kann, lässt sich auch noch variieren und vertiefen. Sie können Ihren Gegenstand willentlich und bewusst bewegen, ihn von einer Wolke verdecken und wieder freigeben lassen und Sie können die Funktionsidee des Gegenstandes denken und in diesem Verstehen verweilen. Georg Kühlewind, aus dessen Buch „Licht und Freiheit“ diese Übung stammt, beschreibt diese und weitere Übungsmöglichkeiten.

▸ **Ruhe-Meditation**

Meditation ist ein Zustand der inneren Sammlung, die zerstreuten Bewusstseinkräfte konzentrieren sich dabei auf ein Thema. Ich schlage Ihnen das Meditationsthema „Ruhe“ vor, weil es ein sehr wirkungsvoller Ausgleich für stressgeplagte Menschen ist. Setzen Sie sich dazu aufrecht und entspannt hin und besinnen Sie sich zunächst darauf, was Ruhe für Sie bedeutet. Erinnern Sie sich an Situationen, in denen Sie Ruhe erlebt haben. Versuchen Sie dann in einer zweiten Phase, das Denken zur Ruhe zu bringen und nur noch den Zustand der Ruhe zu spüren, in Ihrem Körper, in Ihrer Seele und auch in Ihrem bewussten Geist. Wenn ein Gedanke oder eine Empfindung auftaucht, lassen Sie diese „Bewegungen“ in Ihrem Raum der Ruhe kommen und gehen. Lassen Sie sich dadurch nicht aus der Ruhe bringen! Versuchen Sie, 5 Minuten in diesem Zustand zu verweilen. Wenn Sie diese Ruhemeditation regelmäßig durchführen, können Sie sich in stressigen Situationen daran erinnern, Sie können innerlich in Ihren „Ruheraum“ eintreten und daraus Kraft schöpfen. Manche Menschen strahlen Ruhe aus. Sie können das auch, wenn Sie systematisch die Ruhekraft in sich stärken!

4.4 Ohnmacht und Lähmung überwinden

Als Abschluss der “Wege aus der Stressfalle” möchte ich Ihnen einige Anregungen für den Umgang mit dem Stress bedingten Erleben von Ohnmacht und Lähmung geben.

Der Weg durch den Nullpunkt

Die entscheidende Frage in Stress-Situationen ist allerdings, ob und wie es gelingen kann, das Gefühl der Ohnmacht zu überwinden. Wie kann man aus der Überforderungszone in die Herausforderungszone zurückkommen? Gelingt es, im Moment der Überforderung innezuhalten und wahrzunehmen, was gerade jetzt, in diesem Augenblick im Inneren vor sich geht? Anders gesagt: Gelingt es, die Ohnmacht zu fühlen? Geht das, ohne vom aufschießenden Adrenalin gepackt zu werden? Es ist nämlich durchaus eine Verführung, dass man aufgrund der Wut auch Kraft in sich verspürt. Für Männer ist das ein besonders heikles Thema, denn für viele von ihnen ist es ein Zeichen von „Schwäche", einzugestehen, dass sie sich in einer Situation überfordert, hilflos und ohnmächtig fühlen: „Ich bin nicht in der Lage, die Situation souverän zu handhaben!" Wer gesteht sich das schon gerne ein? Anstatt aber der Realität ins Auge zu schauen, folgt man doch lieber dem „Kick" durch den Adrenalinstoß und freut sich über die neue Energie, die die Stressreaktion zur Verfügung stellt! Dazu ist man sogar bereit, das Herz (das Mitgefühl mit sich selbst und mit anderen), den klaren Kopf (die Besonnenheit) und den Bauch (die Erneuerung der Lebensenergie) zu verraten! Dabei ginge es auch anders, denn wenn man den Moment der Ohnmacht bewusst erleben und als momentane Realität akzeptieren könnte, hätten die Stressemotionen keine Macht mehr. Um diesen Zusammenhang zu verdeutlichen, möchte ich Ihnen einige Beispiele erzählen:

Fritz Perls, der Begründer der Gestalt-Psychotherapie, bemerkte, dass in den therapeutischen Prozessen immer dann entscheidende Veränderungen geschahen,

wenn die Klienten in einem Klärungsprozess die gewohnte Orientierung und Kontrolle aufgegeben hatten und für Momente wie vor dem Nichts standen. Das war verknüpft mit Verunsicherung, Verwirrung und Angst. Das Ego, das sich in der Welt behaupten will, verliert in solchen Momenten die Steuerung. Normalerweise reagiert in solchen Situationen der Überlebenstrieb, und die instinktiv gesteuerten Handlungsantriebe führen zu einem Rückzug (Fluchtimpuls) oder zu Aggressionen, die sich gegen andere oder gegen sich selbst richten (Angriffsimpuls) oder zur Lähmung des Gefühls (Totstellimpuls). Wenn es dem Klienten durch die Unterstützung des Therapeuten aber gelingt, diese instinktiven Verhaltensweisen zurückzuhalten und stattdessen bei den Gefühlen der Verwirrung und Verunsicherung zu bleiben, die damit verbundene Ohnmacht zu spüren und diesen Zustand bewusst durchzustehen, geschieht das Erstaunliche: In diesem Feld der Ohnmacht taucht eine neue Kraft auf, die trägt und Zuversicht vermittelt. Damit verbunden sind oft neue Einsichten und neue Gefühle. Fritz Perls nannte diesen Prozess der Wandlung, bei dem das tiefere Selbst des Menschen zum Vorschein kommt, „durch den Engpass gehen".
Ludwig Frambach hat diesen therapeutischen Ansatz von Perls beschrieben und ihn mit den spirituellen Schulungswegen im Zen-Buddhismus und in der christlichen Mystik verglichen *(Frambach 1994)*. Das Erstaunliche ist, dass auf dem spirituellen Weg dieselben Prozesse auftreten: Loslassen alles Wissens, alles Wollens, alles Machen-Könnens (ohne Macht) und Eintreten in einen Zustand der Leere. Das sind die Voraussetzungen, damit sich eine tiefere Realität im Menschen entfalten kann. Auch Rudolf Steiner verwendet das Bild

der Ohnmacht, um den seelischen Ort zu beschreiben, an dem der Mensch die Verbindung mit dem Geist findet, der über sein egoistisches Ich hinausgeht *(Steiner 1999)*.

Ich schildere Ihnen diese Beispiele, um deutlich zu machen, dass es nicht nur beim Stress um den Umgang mit der Ohnmacht geht, sondern auch bei der spirituellen Entwicklung. In diesem Sinne stellt uns jeder Moment des Stresserlebens vor die Wahl: Überlasse ich mich den automatisch wirkenden Antrieben der Stressreaktion, dem Angriffs-, Flucht- oder Totstellimpuls, oder bin ich bereit, mich der Realität meiner Ohnmacht zu stellen, mein Ego loszulassen und darauf zu vertrauen, dass aus einer tieferen Schicht meines Wesens eine tragende Kraft – mein tieferes Selbst – erscheint? In meinen Augen ist das der zentrale Ansatzpunkt für Stressmanagement: sich der Ohmacht zu stellen und zu akzeptieren, dass man in der Überforderungszone ist, gleichzeitig aber auch mithilfe der Kraft, die aus der Seele auftaucht, weiterzugehen.

▸ Vom Haben zum Sein kommen
Als Übung für diesen Bereich des Stressmanagements schlage ich Ihnen eine Selbstreflexion vor:

- Wie habe ich mich in Situationen gefühlt, in denen ich es aufgegeben hatte, meine Ziele zu erreichen?
- Was macht es für mich schwer, meine Machtlosigkeit zu bemerken und zu akzeptieren?
- Kenne ich Situationen, in denen ich mich gut fühle, obwohl ich nichts machen und erreichen will? Wie fühlt es sich an, wenn ich nur „bin“, ohne etwas zu tun?

- Was kann und will ich tun, um mehr zu „sein"?

Wie geht es Ihnen mit diesen Fragen? Vielleicht möchten Sie sich mit diesem Thema intensiver beschäftigen. Erich Fromm behandelt diese und ähnliche Fragen in seinem Buch „Vom Haben zum Sein" *(Fromm 1989)*.

Die Verwandlung der Lähmung

Schwieriger als der Umgang mit Angst und Aggression ist der Umgang mit der Lähmung, derjenigen Kraft, die zum Totstellimpuls führt, denn im Totstellen wird die Ohnmacht, welche die Stressreaktion ausgelöst hatte, fortgesetzt. Wenn man seelisch gelähmt ist, gibt es keine aggressive Energie, die einem scheinbar weiterhilft, es gibt auch keine Angstenergie, die einen wegrennen lässt. Es gibt nur eine Passivität, die einen alles aushalten, aber nichts mehr spüren lässt. Man ist da und zugleich nicht da. Es ist sehr schwierig, sich diesem inneren Tod zu stellen. Viele der bisher beschriebenen Übungen sind hilfreich, um die innere Lebendigkeit anzuregen, z. B. Singen oder emotionales Jogging. Manchmal ist die Lähmung jedoch so stark, dass solche Methoden nicht anwendbar sind. Ich möchte Ihnen aber eine besondere Übung vorstellen, die dabei helfen kann, in diese innere Todeszone wieder Leben hinein zu bringen, ich nenne sie „das Atemhaus". Sie ermöglicht es, die Lebendigkeit des eigenen Atems zu spüren, denn der Atem ist etwas, worauf wir immer Zugriff haben, und ein Lebensprozess, den wir bedingt selber steuern können. Diese Übung hat auch eine positive Auswirkung auf die Balance zwischen unserem Herzschlag und unserem Atemrhythmus. Wir „beheimaten" uns in unserem Herz-Atemzentrum.

▸ Das „Atemhaus"

Setzen Sie sich für diese Übung aufrecht und entspannt hin. Spüren Sie den Boden unter Ihren Füßen und spüren Sie den Stuhl unter Ihrem Gesäß, sodass Sie gut verankert sitzen. Sie können die Augen offen lassen, aber für die meisten Menschen ist es besser, sie zu schließen. Spüren Sie nun Ihren Atem. Wie fühlen Sie sich gerade jetzt in Ihrem Atem? Spüren Sie Ihren Körper, Ihren Brustkorb, Ihren Bauch, spüren Sie, wie der Atem durch Sie hindurchströmt. Spüren Sie auch den ersten Atemhauch in der Nase, im Mund, beim Ein- und Ausatmen. Spüren Sie, wie Sie beim Ausatmen loslassen. Lassen Sie innerlich los, wenn Sie Ihren Atem loslassen. Spüren Sie beim Einatmen, wie es sich anfühlt, wenn der Atem in Sie einströmt, spüren Sie die Wirkung des Einatmens bis in den Bauch, vielleicht sogar bis ins Becken. Seien Sie mit Ihrer Aufmerksamkeit ganz beim Ein- und Ausatmen. Und versuchen Sie dabei zu spüren: „In meinem Atem bin ich bei mir!" Sie können Sich zunächst diesen Satz innerlich vorsprechen: „In meinem Atem bin ich bei mir!" Das kann dann in eine Meditation übergehen: Sie spüren bewusst das Aus- und Einströmen Ihres Atems und Sie realisieren dabei: „In meinem Atem bin ich bei mir!" Im Ausatmen und Verströmen, im Einatmen und im Erfahren der Atemfülle. Mit der Zeit können Sie bemerken, dass Sie sich in einem Atemraum befinden, der sich wie ein Haus anfühlt: Ihr Atemhaus, in dem Sie zuhause sind. Und Sie können können bemerken, wie inmitten Ihres Atemhauses Ihr Herz schlägt. Wenn Sie die Übung beenden wollen, können Sie die Augen öffnen und sich ein wenig strecken.

Diese Übung ist eine Einladung dazu, in jedem Moment und an jeder Stelle, an der Sie gerade sind, nach innen zu gehen. Wenn Sie diese Übung immer wieder machen, bis Sie geübt darin sind, sich in Ihrem Atemhaus selber zu finden, loszulassen und sich wahrzunehmen, können Sie auch bei Stress und sogar während des Totstellimpulses das innere Leben wieder finden – in diesem Atmen, das Sie von Ihrem ersten bis zu Ihrem letzten Atemzug lebendig begleitet.

Wozu Stress uns herausfordert

Die Stressreaktion kann uns in gefährlichen Situationen Kräfte zur Verfügung stellen, um unser Leben zu retten. Dieselben Kräfte können uns aber auch krank machen. Diese emotionalen und körperlichen Energien wissen nicht, wann sie wirklich gut für uns sind. Diese Entscheidung müssen wir in jedem Moment selbst treffen. Der Stressmechanismus im Menschen ist so gewaltig und so gefährlich, dass wir nicht darum herumkommen, uns mit ihm auseinander zu setzen. Das heißt aber: Einfühlungsvermögen, Bewusstheit und Stärke zu entwickeln im Umgang mit sich selbst und mit den Lebenssituationen. Einerseits kann man sagen: Stress zerstört unsere innere Balance, wir verlieren unsere Mitte. Andererseits sind es aber gerade Stress-Situationen, die uns so fordern, dass wir unsere Kräfte bündeln und dadurch an Stärke gewinnen. Im ständigen Ringen, Überforderungen zu überwinden und sie zu steuerbaren Herausforderungen zu machen, entwickeln wir die Kräfte der Stress-Balance. Insofern regt uns Stress dazu an, die Kräfte des Menschlichen zu entwickeln.

Literaturhinweise

Antonovsky A. (1997): Salutogenese. Zur Entmystifizierung der Gesundheit. Tübingen

Ballreich, R. (1998): Stressbewältigung, Trigon Themen 3/98. Graz

Ballreich, R. (2002): Stressreaktion und Konfliktverhalten, Trigon Themen 1/02. Graz

Ballreich, R./Glasl, F. (2007): Mediation in Bewegung. Ein Lehr- und Übungsbuch mit Filmbeispielen auf DVD. Stuttgart

Ballreich, R./Lang, T: (2007): Der pädagogische Wert der Zirkuskünste. In: Ballreich, R. /Lang, T./Grabowietzki, U.: Zirkus-Spielen. Ein Handbuch. Stuttgart

Ballreich, R. (2007): Vom Konflikt zum Dialog. Martin Bubers „Zwischen" als Ansatz in der Mediation. In: Ballreich, R./Fröse,

M./Piber, H. (2007): Organisationsentwicklung und Konfliktmanagement. Bern, Stuttgart

Bauer, J. (2008): Das Gedächtnis des Körpers. Wie Beziehungen und Lebensstile unsere Gene steuern. München, Zürich

Breuninger-Ballreich, S. (2009): Was Sie stark macht. Verborgene Kräfte aktivieren. Freiburg

Csikszentmihalyi, M. (1993): Flow. Das Geheimnis des Glücks. Stuttgart

Frambach, L. (1994): Identität und Befreiung in Gestalttherapie, Zen und christlicher Spiritualität, Petersberg

Frankl, V. (1977): Trotzdem Ja zum Leben sagen. München

Fromm, E. (1989): Vom Haben zum Sein. Wege und Irrwege der Selbsterfahrung. München

Glasl, F. (2004): Konfliktmanagement. Bern, Stuttgart, Wien

Goleman, D. (1995): Emotionale Intelligenz. München/Wien

Hüther, G. (1999): Biologie der Angst. Wie aus Stress Gefühle werden. Göttingen

Kabat-Zinn, J. (1999). Stressbewältigung durch die Praxis der Achtsamkeit. Freiamt

Kabat-Zinn, J. (2003). Gesund durch Meditation. Bern

Kabat-Zinn, J. (2006). Zur Besinnung kommen. Freiamt

Kühlewind, G. (1983): Vom Normalen zum Gesunden. Wege zur Befreiung des erkrankten Bewusstseins, Stuttgart

Kühlewind, G. (2000): Der sanfte Wille. Stuttgart

Kühlewind, G. (2004). Licht und Freiheit. Stuttgart

Lusseryran, J. (2001): Das wiedergefundene Licht. Stuttgart

Naranjo, C. (1996): Gestalt: Präsenz - Gewahrsein - Verantwortung, Freiamt

Sandole, D. (1990): The Biological Basis of Needs in World Society, in: Burton, J. (Hrsg.): Conflict: Human Needs Theory, New York

Sapolsky, R.M. (1996): Warum Zebras keine Migräne kriegen. Wie Stress den Menschen krank macht. München

Sites, P. (1990): Needs as Analogues of Emotions, in: Burton, J. (Hrsg.): Conflict: Human Needs Theory, New York

Sprenger, R. (2007): Das Prinzip Selbstverantwortung. Frankfurt a. M.

Sprenger, R. (2004): Die Entscheidung liegt bei Dir. Frankfurt a. M.

Staemmler, F.-M./Bock, W. (1991): Ganzheitliche Veränderung in der Gestalttherapie, München

Steiner, R. (1999): Wie finde ich den Christus? In: R. Steiner „Das Mysterium des Bösen". Zehn Vorträge, Herausgegeben von Michael Kalisch, Stuttgart

Steiner, R. (2000): Innere Ruhe. Zwei Vorträge und ein Aufsatz. Herausgegeben von Andreas Neider. Stuttgart

Tolle, E. (2002): Jetzt. Die Kraft der Gegenwart. Bielefeld

Vester, F. (1976): Phänomen Stress. Stuttgart

Vopel, K. (1994): Die 10 Minuten Pause. Minitrancen gegen Streß. Salzhausen

Wolfgang Held

Zeit verstehen und gestalten lernen*

* *überarbeiteter Vortrag, gehalten auf dem 9. deutschen Männer-***Leben**®*-Kongress, am 01. März 2008 in Stuttgart. Der mündliche Vortragsstil wurde bei der Überarbeitung bewusst beibehalten.*

„Ich bin eigentlich ganz anders. Ich komm' nur selten dazu." Das schrieb vor 100 Jahren der österreichische Schriftsteller Ödön von Horváth und man hat das Gefühl, es ist aktueller denn je.
„Ich bin eigentlich ganz anders. Ich komm' nur selten dazu." Alle Beiträge heute hatten dieses Motiv zum Thema. Sei es heute Morgen, als es darum ging, das Verhältnis zum eigenen Vater zu besprechen oder als über das Älter werden gesprochen wurde. Es geht immer um die Frage „Wie gestalte ich mein Verhältnis zur Zeit?" Wir alle sind zeitlich problematische Persönlichkeiten geworden. Wir alle stehen in einem chronobiologischen Zeitkonflikt, so charakterisiert es der Rhythmusforscher Gunther Hildebrandt. Was meint er damit? Uns geht es so wie dem Fisch, der aus dem Wasser herausspringt und in dem Moment beginnt, das Wasser zu entdecken. Wir alle haben ein problematisches Verhältnis zur Zeit. Oder positiv formuliert: Wir sind entfremdet vom natürlichen Zeitfluss und haben deshalb die Möglichkeit, die Zeit zu gestalten. Je besser es uns gelingt, das Verhältnis zur Zeit bewusst in die Hand zu nehmen, desto gesünder werden wir leiblich und seelisch. Davon soll jetzt die Rede sein: Von diesem Phänomen „Zeit", dem am häufigsten verwendeten Substantiv der deutschen Sprache. Wie gestalten wir unser Verhältnis zur „Zeit"?
Dazu gehört zum Beispiel, dass dieser Beitrag jetzt um 14.00 Uhr angesetzt ist – was haben wir da für ein Verhältnis zur Zeit? Es ist das Verhältnis, daß wir zu keiner Uhrzeit schlechter disponiert sind um irgendetwas (außer Nahrung) aufzunehmen als um 14.00 Uhr. Im Jahreslauf entspricht diese Zeit dem Februar, d.h., wenn es an einem Tag im Februar 14.00 Uhr ist, dann

erlebt man das physiologische Jahrestief. Gegen dieses Tief müssen wir jetzt ein wenig arbeiten.

Ich möchte mit Ihnen zwei Dinge besprechen - zwei Entdeckungen teilen. Die erste ist die, dass Zeit nicht fließt. Sie hat eine innere Struktur, so wie in diesem Vorlesungsraum die farbigen Stühle unterschiedlich gestaltet sind. Da ist mal ein grüner, schwarzer, mal ein roter Stuhl. Es gibt eine innere, geheime Struktur in der Zeit. Es ist wichtig, dass wir unser Verhältnis zur Zeit klären, denn um vom Opfer der Zeit zu ihrem Gestalter zu werden, ist es notwendig, sie besser verstehen lernen.
In Berlin am Flughafen gab es ein großes Plakat von einer Autovermietung; abgebildet war ein Sportwagen und der Satz: „Die Zeit rast, rasen sie hinterher." Diese Beschleunigung der Zeit kennen wir sehr gut. Alles in Echtzeit, ständig Multitasking, was bedeutet, mehrere Dinge zugleich zu unternehmen. Aber mit der Zeitbeschleunigung ist es so ähnlich wie im Verkehr: Je schneller wir uns bewegen wollen, desto eintöniger wird unsere Umgebung. Das ist die zweite Entdeckung. Die Autobahn ist am schnellsten und am eintönigsten. Wenn es noch schneller gehen soll, steigen wir in das Flugzeug, das ist noch eintöniger und man erfährt noch weniger von seiner Umgebung. Beim Blick zum Erdboden scheint die Welt still zu stehen. Das ist ein grundlegendes Phänomen: Je schneller das Leben abläuft, desto eintöniger wird es. Man sagt sich, dann muss ich eben noch schneller werden, damit ich schneller am Ziel bin, da, wo das Leben dann interessant wird. Es ist ein typisch männliches Problem, sich auf das Ziel zu fixieren und den Weg dabei außer Acht zu lassen.

Während Frauen prozessorientiert sind, schauen wir Männer auf das Ergebnis. Insofern ist die Beschleunigung unseres Lebens ein spezifisch männliches Problem. Ich habe drei Töchter, die fragen mich häufig „Papa, warum machst du schnell?"

Doch widmen wir uns nun der inneren Struktur der Zeit, den vier verschiedenen Zeitstrukturen, mit denen wir als Mensch zu tun haben. Ein einfaches Beispiel: Ich klopfe hier im Takt auf das Pult und sie haben die Aufgabe, dieses gleichmäßige Klopfen als Wienerwalzer, als ¾ Takt hören, indem sie innerlich jeden dritten Schlag betonen. Nun klopfe ich langsamer und langsamer und frage Sie: Wann können Sie es nicht mehr als ¾ Takt hören? Erst wird aus dem Wiener Walzer ein langsamer Walzer, doch dann zerfällt der Rhythmus in einzelne Schläge. Rhythmusforscher können genau definieren, wann dies geschieht. Wenn drei Schläge mehr als 2,9 Sekunden Zeit brauchen, können wir die drei aufeinander folgenden Schläge, die einen Takt bildeten, nicht mehr zu einer Einheit, zu einer Gegenwart integrieren. Drei Sekunden, dieses interessante Maß begrenzt die Gegenwart, den Augenblick. Sie kennen diese Zeitspanne im Alltagsleben überall. Wenn Sie eine zum Gruß ausgestreckte Hand etwas länger als drei Sekunden festhalten, ist das eine Irritation für den Anderen. Viele Alltagsgebärden, vom Türklopfen, Kopfkratzen, Teerühren usw. dauern drei Sekunden. Das erleben wir als eine geschlossene Gegenwart. Das ist übrigens bei Werbefilmen die Spanne von einem Schnitt zum nächsten. Drei Sekunden, dann greift das Gehirn neu in die Gegenwart. Das ist unser „geistiges Blinzeln". Alle drei Sekunden versuchen wir, die Welt neu zu fas-

sen. Ein Werbefilm mit Drei-Sekunden-Schnitten bedient diese Neigung des Gehirns. Als der deutsche Schauspieler Manfred Krug gebeten wurde, die T-Aktie zu bewerben, hat er darauf bestanden, dass keine Schnitte in dem Werbespot vorkommen sollten. Die Kamera muss fahren, aber es darf keinen Schnitt geben. Das brachte eine enorme Entschleunigung, eine Verlangsamung. Unser Gehirn hat physiologisch die Tendenz, alle drei Sekunden sich ein neues Bild der Welt zu machen. In dem Moment, wo etwas länger geschieht, beginnt die Eigenzeit, in der wir die Zeit selbst verarbeiten, selbst gewinnen. Die Psychologin Miriam Meckel schätzt, dass das nur mit zwei Prozent aller Daten geschieht, die wir im Laufe eines Tages aufnehmen: Nur hier entsteht dieses Innehalten.
Und je mehr uns das gelingt, desto gesünder werden wir. Das ist vergleichbar mit dem physischen Essen. So, wie eine gesunde Verdauung damit beginnt, dass die einzelnen Bissen wahrgenommen werden, so gilt im Geistigen ebenfalls, dass, je bewusster wir Eindrücke und Erlebnisse des Tages verarbeiten, wir geistig gesünder werden.
Zur menschlichen Seite der Zeit gehört, dass wir aus dieser Entität der Gegenwart, diesen drei Sekunden des Jetzt, zu größeren Gegenwarten kommen können, diese 3-Sekunden-Zeitstücke zu größeren Gegenwarten zusammen schweißen können. Sei es ein Theaterstück, in dem ein Schauspieler so über die Bühne läuft, dass wir es als eine Einheit erleben oder sei es eine Symphonie, die wir als ein Ganzes fassen - immer werden durch die Kunst höhere Gegenwarten geschaffen. Es ist großartig, wenn am Ende einer Symphonie der Dirigent nach dem letzten Ton den Stab noch in der Luft hält, so

dass dieses 60-Minuten-Konzert in einem Moment nochmal verdichtet wird. Da *springen wir aus der Zeit* – kann man sagen.

Drei Sekunden ist eine Zeitqualität, ist das Zeitatom, ist das, was wir als die Gegenwart verstehen. Es gibt aber auch Phänomene, die auf eine andere Zeitqualität hinweisen. Ich nenne einige Beispiele: Ein Zeitmaß, das man beispielsweise aus der Rhetorik kennt. Was meinen Sie, wann sollte man als Redner in einem Vortrag einen Witz machen? In Europa! In Amerika soll man eine Rede mit einem Witz beginnen. Aber in Europa, wann sollte da ein Witz den Gedankenfluss auflockern? Man sagt, nach 45 Minuten, denn in den letzten 15 Minuten bis zur vollen Stunde verdichtet sich die Zeit, es beginnt eine Krise. Ein Arzt erzählte mir ebenfalls von diesem Rhythmus. Es gibt Patienten, die beispielsweise aufgrund einer Bluthochdruck-Diagnose ihr ganzes Leben umstellen müssen. Eine solche Einsicht braucht Zeit. Nach 45 Minuten Gesprächszeit – so der Arzt – beginnen die Patienten die Tragweite zu erfassen und nach einer Stunde verstehen sie mit ihrer ganzen Persönlichkeit, dass alles anders werden muss. Es ist die Dauer der Stunde, die eine innere Wandlung ermöglicht.
Wer sich die Mühe macht, seine Lebenspartnerin, seinen Vater oder seinen Bruder eine Stunde im Geiste neben sich zu setzen und zu sagen: Jetzt rede ich eine Stunde mit dir und zeichne dich und deine Fähigkeiten, deine Schwächen, deine Antriebsmomente, deine Behinderungen, deine Visionen. Wenn man all das gezeichnet hat, dann ist das Verhältnis zu dem Menschen für das ganze Leben anders. Mit all dem, womit wir uns

eine Stunde beschäftigen, geschieht eine vollständige Wandlung. Aus diesem Grund werden in der biologisch-dynamischen Landwirtschaft verschiedene Bodenpräparate eine Stunde lang gerührt. Eine Stunde Beschäftigung mit der Substanz wandelt nicht nur den Landwirt, sondern - so beschreiben es erfahrene Bauern – auch die Substanz selbst. Nun zum Sternenhimmel: Eine Stunde dauert es, bis der Mond vor einem Stern vorbei läuft. In einer Stunde hat sich der Erdtrabant genau um seinen Durchmesser verschoben. Was bedeutet das? Ich fasse es in Stichworte: Der Mond ist das Gewordene, der Sternenhimmel ist das Ewige. In einer Stunde bringt sich der Mond zur Sternenwelt, bringt sich das Gewordene zum Ewigen in ein neues Verhältnis.

Wir alle wissen, wie schwer es ist, sich zu ändern, den eigenen Charakter zu entwickeln. Aber wenn man eine Stunde lang den Meißel ansetzt, dann geschieht diese leichte Veränderung. Deshalb ist immer von der Stunde die Rede, wenn es um Verwandlung geht, in der Literatur, im Mythos: „Meine Stunde ist noch nicht gekommen", oder „Wem die Stunde schlägt." Die Stunde ist so ein Rhythmus, eine Entität, die mit Verwandlung und Umwendung zu tun hat. Das merkt man auch im negativen Sinne, wenn man über ein Thema eine Stunde sprechen soll. Nach 50, 55 Minuten zeigt sich eine Krise, dann sollte es im Vortrag eine Verdichtung geben, eine Umwendung möchte ich sagen.

Es ist eine Einladung an Sie: Beschäftigen Sie sich mit Dingen oder Menschen, die ihnen am Herzen liegen, eine Stunde lang - dem Mitmenschen, einem Gedicht oder einem Bild - und sie sind ein wenig ein anderer Mensch. Joseph Beuys sagte, eine Stunde muss man ein Bild anschauen, bis man es beurteilen kann. In fast allen Weltreligionen arbeitet man bei kultischen Handlungen mit der Stunde, um diesen Verwandlungsrhythmus nutzen zu können. Das bedeutet jetzt nicht, dass man alles eine Stunde machen soll, aber eben all das, was einem am Herzen liegt. Das heißt nicht, dass wir Dinge langsamer machen sollen, aber dass wir lernen sollen, auszuwählen. Was will ich langsam haben, damit ich anderes umso schneller machen kann? Es gilt darauf zu achten, was zählt.

Und dieses „was zählt", das finden Sie in fast allen Zeitratgebern beschrieben. Wie kommt man darauf? Es gab vom Südwestfunk einmal eine Umfrage im Radio, wie viele Minuten man täglich mit seinem Ehepartner oder seiner Lebensgefährtin spricht. Das Ergebnis waren 11 Minuten. Ich meine, wenn man gefragt hätte, wie viele Minuten spricht man am Tag mit sich selbst, wäre die Zahl noch kleiner ausgefallen. Aus diesem Grund findet sich in den Zeitratgebern der Hinweis: Man sollte einmal am Tag seine Totenrede schreiben. Damit ist die Frage gemeint, was man denn gerne hören würde, wenn man jetzt sterben würde. Was ist einem wichtig? Man sollte sich einmal am Tag diese Frage stellen, so dass man einmal am Tag - vergleichbar einer Straßenbahn und ihrer Oberleitung - an die Leitlinie der eigenen Biographie andockt. Früher gab es Bahnschranken, die dieses Zeitmaß erfüllten. Wenn sie herunter gingen, wurden uns drei bis vier Minuten Pause verordnet. Häufig unwillkommen, war es doch das Maß, bei dem man sich zurück lehnen konnte, und sagen, jetzt denke ich über mich nach. Jetzt rede ich mit mir selbst.
In einem Vortrag heute Morgen ging es um den Dialog

mit dem Vater. Nun gilt, dass vor dem Dialog immer der Monolog stehen sollte. Wer nicht mit sich selbst im Gespräch ist, ist auch nicht gesprächsfähig mit Anderen. Häufig wird Authentizität als wichtige Eigenschaft verstanden. Viel wichtiger scheint mir jedoch die Dialogfähigkeit mit sich selbst zu sein. Ist man im Gespräch mit sich selbst? Ist man sich selbst ein Gesprächspartner? Drei, vier Minuten, diese Zeitspanne genügt, dass man bei sich selbst ankommen kann.
Im vorhin genannten Vortrag wurde gefragt, wie lange dieser Weg zum eigenen Vater brauche, wie viel Zeit man benötige, um in diesen Prozess zukommen. Der Referent antwortete: das sei verschieden. Das würde ich auch sagen. Aber dieses Zeitmaß, um bei sich selber anzukommen, das sind diese drei, vier Minuten. Wenn man sich diese Zeit am Tag nimmt - aber nicht, um sich zu erinnern, welche Termine man noch vor sich hat - sondern in dem Sinne, wie es wohl in all diesen Zeitratgebern beschrieben ist: Das Wesentliche tun, das Drängende lassen. Die Steuerklärung lassen, das Gespräch mit dem Bruder, der woanders lebt, tun. Das Drängende lassen - wir alle wissen zu gut: Wenn man das Drängende abarbeiten will um zum Wesentlichen zu kommen, dann muss man bis zum Tode warten. Das Drängende ist unerschöpflich.
Das, was wesentlich ist, erfährt man, wenn wir in dieses Geistige, vielleicht darf man sagen, in dieses geistige Zähneputzen kommt. Das ist eine ähnliche Länge wie dieses Selbstgespräch von drei bis vier Minuten... Wer diese Entschleunigung zustande bringt, ist nachher umso schneller.

Damit haben wir jetzt drei Zeitstrukturen betrachtet.

Die drei Sekunden als die kleinste Gegenwart, die drei, vier Minuten (dem übrigens auch ein Rhythmus am Himmel entspricht) und die Stunde als eine Zeitspanne der Verwandlung.
Im zweiten Teil meiner Betrachtung möchte ich nun über die vier verschiedenen Zeitströme sprechen, die für uns Menschen maßgebend sind:

Der erste Zeitstrom ist der, der uns dazu gebracht hat, dass wir gleichzeitig um 14.00 Uhr zu diesem Vortrag zusammen gekommen sind, das ist die soziale Zeit. Die vollständig regelmäßige Zeit der Uhr: Ein Schlag nach dem anderen, völliges Gleichmaß. So perfekt gleichmäßig, dass wir immer wieder Schaltsekunden einfügen müssen – alle paar Jahre –, weil die Erde sich nicht streng in ihrem Lauf an dieses Zeitmaß hält. Der Kosmos ist nicht so genau wie unsere Uhren. Nichts ist so streng in der Natur wie dieses Zeitmaß, das wir haben. Wir können dieses Zeitmaß die Zeit des Lieblosen nennen. Denn wenn man die Natur befragen würde, die Tiere, Pflanzen und Mineralien, wer mit diesem Zeitmaß zufrieden ist, ich glaube, außer den Stalagmiten in den Tropfsteinhöhlen würde niemand zustimmen. Diese Steinsäulen würden wohl zustimmen.

Wir alle wissen, dass wir in diesem Gleichmaß nicht funktionieren. Wie geht es bei uns selbst? Wie ist unser Zeitmaß begriffen? Ich war vergangene Woche mit meinen Töchtern und meiner Frau Ski fahren. Meiner Sechsjährigen habe ich zunächst einen Schal um die Hüfte gebunden und bin hinterher gelaufen, während sie den Schneepflug probieren sollte. Am ersten Tag hat sie es versucht, am zweiten Tag konnte sie es und am

dritten Tag wusste sie nicht mal mehr, dass sie es einmal nicht konnte. Diese unglaubliche Entwicklungsdynamik der Kinder! Diese unerhörte Geschwindigkeit der Entwicklung. Was versucht man als Eltern nicht alles mit Videos oder Fotos, um diese Entwicklungsstadien festzuhalten. Aber die Kinder haben diese schöpferische Zerstörung; sie werfen alles über Bord und gehen auf Neuland zu. Sie haben einen unglaublich hohen Erneuerungszyklus, der mit den Lebensjahren abnimmt. Niemand von uns kann diesen Innovationszyklus der kleinen Kinder aufrechterhalten - zum Glück. Mit „Zeit" meinen wir an dieser Stelle die Fülle der Veränderung. Deshalb ist für das Kind die Zeit rasend dicht. Im Laufe der Biografie wird diese Zeit ruhiger und immer langsamer. Während sich ein Kind einmal in der Woche neu erfindet, braucht es bei uns Jahre, bis wir uns umwandeln. Sie kennen vielleicht die Geschichte des Herrn Keuner von Bertholt Brecht: Herr Keuner kommt zu einem früheren Bekannten und dieser sagt zu ihm: „Ah, Keuner, ganz der Alte". Herr Keuner erbleichte… Ich möchte sagen, es ist eine Art seelische Zeit, die innerhalb der Biographie immer langsamer schreitet. Jetzt wird man mir vielleicht widersprechen und sagen: Nein, es ist doch genau umgekehrt. Wir erleben doch die Zeit schnell, während die Kinder die Zeit langsam erleben. Hier müssen wir unterscheiden, zwischen erlebter Zeit und erinnerter Zeit. Ich nehme ein konkretes Beispiel:
Hier im Kongressgebäude sind heute alle Schließfächer voll. Als ich vorhin an meinem Schließfach hantierte, wurde ich von einem Herrn angesprochen: „Wird das Fach frei?" Ich antwortete: „Nein, ich brauch' es noch, leider." „Gut, dann warte ich." Dann setzte er sich wie-

der hin. Vielleicht wartet er jetzt eine Stunde, bis ein Schließfach für ihn frei wird. Wenn er sich anschließend fragt, wie lange habe ich da gesessen, dann schnurrt diese lange Zeit des Wartens zusammen zu einem Nichts - es sei denn, er hat sich während dieser Zeit sehr viele Gedanken gemacht. Während des Wartens dehnt sich die Zeit, aber im Rückblick schnurrt die Zeit zusammen. Warum? Weil sie arm ist an Ereignissen. Wenn man in dieser Stunde des Wartens interessante Gedanken verfolgt oder auf inneren Reisen unterwegs ist, dann ist die Zeit in der Erinnerung reich. Ich nehme ein umgekehrtes Beispiel: Sie sind in einem engagierten Gespräch, die Zeit fliegt. Aber wenn man sich anschließend zurück lehnt und das Gespräch erinnert, geschieht oft das Gegenteil: Im Rückblick wird diese Zeit sehr breit, sehr weit, ein ganzes Tableau eröffnet sich. Das bedeutet: Weil wir - im Vergleich zu den Kindern - wenig Erneuerung haben, rennt für uns im Rückblick die Zeit. Je mehr uns jedoch Verwandlung gelingt, desto langsamer erleben wir die Zeit. Das ist ja überraschend. Es klingt fast paradox: Je mehr wir uns selbst verwandeln, desto langsamer erleben wir die Zeit.

Es existiert somit im Seelischen ein Zeitmaß, das sich im Lauf der Biographie verlangsamt. Und jetzt kommt die Schwierigkeit, denn wie sieht es in der Kultur aus? Umgekehrt - ich nehme ein Beispiel, nicht aus unserer Zeit, sondern aus einer fernen Vergangenheit: Die ältesten Faustkeile, das sind Steine, die nur einmal behauen worden sind, sie werden auf ein Alter von 2 ½ Millionen Jahre geschätzt. Dann gibt es welche, die sind sorgfältiger bearbeitet worden, die so genannten

Protofaustkeile. Die sind vor etwa 1,2 Millionen Jahren hergestellt worden. Es brauchte also eine Entwicklungszeit von mehr als einer Million Jahren, um von den Urformen zu diesen Vorformen der Faustkeile zu kommen. Die Entwicklung hin zu den klassischen Faustkeilen mit der typisch abgeflachten Klinge, brauchte dann nur noch 400.000 Jahre - man datiert ihr Vorkommen auf etwa 800.000 Jahren vor unserer Zeit. Spätformen der Faustkeile folgten nur weitere 200.000 Jahre später. Wenn man einen Frühmenschen der Urzeit gefragt hätte, wie er die Zeit erlebt - wenn er zu diesem Reflexionsvermögen fähig gewesen wäre - dann hätte er gesagt, die Zeit rast, es geht immer schneller. Das ist nicht eine Erfindung des 20. oder 21. Jahrhunderts, dass sich die Zeit beschleunigt. Das gilt seit Urzeiten.

Biologen wie beispielsweise Wolfgang Schad beschreiben ein interessantes Phänomen: Diese Beschleunigung gälte nicht nur für die Technik, sondern auch für die Natur. Wenn man verfolgt, wann sich neue Tier- und Pflanzenarten auf der Erde gebildet haben und in welchen Abständen die Eiszeiten aufeinander folgten, dann findet man ebenfalls eine Beschleunigung. Sowohl in der Kultur als auch in der Natur zeigt sich das Phänomen des „Immer schneller“ - wie die Römer schon sagten: „Tempus fugit“. Wir haben somit zwei konkurrierende Zeitläufe: Persönlich erleben wir mit fortschreitendem Alter eine Verlangsamung, weil unsere Erneuerungszyklen langsamer und nachhaltiger werden. In der Kultur und Natur dagegen haben wir eine Beschleunigung, so dass mit fortschreitendem Alter dieser Zeitkonflikt immer dramatischer wird. Eine Kultur, die sich mehr und mehr beschleunigt und ein eigenes Leben, das sich mehr und mehr verlangsamt. Wie geht das zusammen?

Ich möchte zunächst noch den vierten Zeitzyklus behandeln und auf diese Frage später zurückkommen.

Wir haben die Zeit des Leblosen, des Körperlichen, das ist dieses Gleichmaß. Wir haben die Zeit der Kultur und Natur, die beschleunigt und wir haben die Zeit der Seele, der Biografie, die verlangsamt. Es gibt noch eine vierte Zeit. Gehen wir der Frage nach, warum wir bei einem Witz lachen. Warum lacht man? Was ist eine Pointe? Was ist der Witz des Witzes? Ein Beispiel, in der Hoffnung, dass Sie diesen Witz nicht kennen:
Ein Mann hat zwanzig Pinguine auf seinem Lastwagen. Damit fährt er an eine Tankstelle. Der Tankwart fragt: Was wollen sie mit diesen Pinguinen? Ja, das weiß ich auch nicht so recht. Ja dann bringen sie die doch zum Zoo. Das ist eine gute Idee, antwortet der Fahrer und fährt weiter. Eine Woche später kommt er wieder. Wieder sitzen die Pinguine hinten auf der Ladefläche. Jetzt haben alle Sonnenbrillen auf. Was wollen sie mit den Pinguinen? Ich habe Ihnen doch gesagt, sie sollen sie zum Zoo bringen. Ja, letzte Woche waren wir im Zoo. Heute wollen wir an den Strand.
Warum lacht man beim Witz? Warum kaufen wir ein Witzbuch, in der (vergeblichen) Hoffnung, damit lustige Stunden zu verbringen? Man schmunzelt, aber man lacht nie, wenn man einen Witz liest. Warum ist das so? Was geschieht bei einem Witz? Man schildert eine Situation, dann gibt es die Pointe mit der man schlagartig die Situation umfassend versteht – ohne Rest. Ein Witz bedeutet, dass wir in einem Moment

einen Erkenntnissprung machen und eine Sache vollständig verstehen - was uns ja nicht so häufig im Leben gelingt. Und jetzt antworte ich noch im Sinne von Platon: Was heißt verstehen? Verstehen heißt, dass man die Idee einer Sache gewinnt. Die Idee ist ewig, sie ist außerhalb der Zeit. Indem man versteht, ist man selbst außerhalb der Zeit. Das Verstehen geschieht im Augenblick, dann gilt - und das ist zauberhaft formuliert von ihm - die Innenseite des Augenblickes, die Ewigkeit. Die Innenseite des Augenblickes ist die Ewigkeit. In dem Moment, wo wir etwas verstehen, das geschieht im Witz natürlich recht harmlos, in dem Moment sind wir etwas außerhalb der Zeit. Wie ein Fisch, der aus dem Wasser springt. Ein Moment. Das können Schicksalsereignisse sein, das kann der Moment sein, wo man sich verliebt, wo man bei der Geburt eines Kindes dabei ist, oder in einer besonderen Begegnung: die Zeit scheint inne zu halten. Es gab in Australien einen Obdachlosen namens Arthur Stace, der überall, wo er sich aufhielt, mit Kreide das Wort „eternity“ hingeschrieben hat - über 30 Jahre lang in ganz Australien, Sydney, Melbourn, überall. Nun wurde er gefragt: „Warum schreiben Sie das Wort *Ewigkeit*? Er sagte: „Dieses Wort, das muss jeder wissen“. Er wurde weiter gefragt: „Ja, aber mit Kreide?“ Er antwortete - und das zeigt seine philosophische Größe: „Eben, die Ewigkeit gibt es nur im Augenblick“. Diese Momente der Erkenntnis, das ist die Ich-Zeit, das ist die vierte Zeit.

Wie angekündigt möchte ich zum Schluss auf den Konflikt der seelischen Zeit, die sich verlangsamt, und der sich beschleunigenden Kulturzeit zu sprechen kommen und dazu noch eine kleine Geschichte erzählen: Auf

einer Wanderung mit einem Freund durch Griechenland trafen wir einen Ziegenhirten, zwischen 60 und 70 Jahre alt. Im Laufe des Gesprächs fragten wir ihn beiläufig, wann denn Odysseus seine Taten vollbracht hätte. Der griechische Bauer nickte bedächtig und meinte, dass dies lange her sei. „Mein Großvater“ so fuhr er fort "hat es gerade nicht mehr so erlebt“. Jetzt können wir schmunzeln oder aber bedenken: Dieser griechische Bauer, der vermutlich nur diesen einen Hügel in der Pelepones kannte, hatte eine enorme zeitliche Dimension. Er konnte 4000 – 5000 Jahre in die Vergangenheit greifen und hatte das Gefühl, es sei noch immer seine Zeit. Er sagte: „Mein Großvater hat es gerade nicht mehr erlebt“ und meinte damit, er selbst habe es gerade so nicht mehr erlebt. Und im weiteren Gespräch fragten wir ihn: „Was werden deine Enkel und Urenkel machen?“ Auch das wusste er gut zu beschreiben. Er schien die Gewissheit zu haben, tausend Jahre in die Zukunft blicken zu können.
Sein Zeitboot im Zeitstrom war gewaltig. Räumlich eine kleine Existenz, aber zeitlich gewaltig. Er lebte in Jahrtausenden. Und wir? Wir haben das Gefühl, das letzte Jahr ist lange her. Die Vergangenheit rückt uns immer näher. Das letzte Jahr oder vielleicht schon die letzte Woche ist schon Vergangenheit. Das Gleiche mit der Zukunft. Wenn wir uns darüber austauschen würden, was in einem Jahr sein wird, dann werden viele sagen: Ich weiß es noch nicht. Vielleicht ist das nächste halbe Jahr, die nächste Woche ungewiss. Das heißt, die Zukunft rückt uns immer näher und die Vergangenheit ist immer näher. Damit wird unser Zeitboot der Gegenwart immer kleiner. Schon der letzte Tag ist ferne Vergangenheit und das Morgen ist ungewiss. Wir sagen gerne,

dass nichts so gewiss ist wie der Wandel. Damit ist dieses Zeitboot eine kleine Nussschale, dem es wie einem Boot ergeht: je kleiner desto wackliger. Doch wie wird unser Zeitboot, unser Gegenwartsboot, unser Gegenwartsbefinden wieder größer?
Wenn man in eine Buchhandlung geht und schaut, welche Themen die Regale bestimmen, dann fallen zwei Rubriken ins Auge: Einmal Ratgeberliteratur und was folgt dann? Historische Romane. Es besteht ein großes Bedürfnis, sich, wie es im Faust heißt, in den Geist der Zeiten zu versetzen. Es ist nicht die Frage nach der äußeren Geschichte, wie sie früher durch die typischen Merkverse gelernt wurde: 333 - Issos Keilerei, 753 - Rom schlüpft aus dem Ei, sondern diese Innenseite der Geschichte. Eine Biografie, sei sie von König David oder Katharina die Zweite, mit deren Hilfe man in die Innenseite der Geschichte eindringen kann. Indem wir Geschichte betreiben, erfahren wir die Vergangenheit und - so könnte man sagen - das Heck des Schiffes wird wieder groß. Und wie wird das Schiff am Bug, nach vorne, wieder groß? Durch Visionen. Der Gründer der ersten ethisch arbeitenden Bank, Ernst Wilhelm Barkhoff, sagte: Gegen eine Angst vor der Zukunft helfen nur Bilder, Visionen einer Zukunft, wie wir sie uns wünschen." Haben wir Visionen? Das ist die Frage, wenn es um die Zukunft geht. Visionen sind heute so, dass sie nicht im Einzelnen entstehen, sondern meistens dann, wenn Menschen zusammen blicken. Und wer die politischen Talkshows im Fernsehen anschaut weiß, dass diese Visionen nicht aus der Politik kommen, sondern aus dem Kulturleben. Können wir tragfähige Visionen bilden? In einer 12. Klasse antwortete eine Schülerin auf die Frage, ob die Klimaerwärmung

nicht tragisch sei: „Nein, endlich muss mal die Menschheit ganz zusammenrücken. Das ist doch großartig. Das ist die Vision des 21. Jahrhunderts. Die Menschheit muss zusammenrücken."

Je mehr es uns gelingt, Visionen zu bilden und die Zukunft in die Gegenwart zu holen und je mehr es uns gelingt, die Innenseite der Geschichte der Vergangenheit zu erfassen, desto reicher wird die Gegenwart. Dann wird unsere Zeit wieder ruhiger. Dann gelingt es uns immer besser, die Dynamik unserer Zeit nicht als Opfer zu erleben, sondern sie zu gestalten. Umgang mit der Zeit bedeutet nicht Verlangsamung, Umgang mit der Zeit bedeutet, den Dynamikbereich oder die Bandbreite von schnell bis langsam zu steigern. Es gibt Momente, wo alles auf die Langsamkeit, auf die innere Reife ankommt und es gibt andere Momente, in denen der schnelle, beherzte Entschluss das wichtigste ist. Je mehr uns diese Dynamik möglich wird, desto erfolgreicher und gesünder werden wir und entdecken dabei - wenn es uns gelingt, die Zeit bewusst zu gestalten - dass wir damit zugleich Gestalter der eigenen Persönlichkeit sind.

Zuhörer-Frage:
Unsere Welt ist so voller Angebote und Möglichkeiten, das führt auch zur Beschleunigung, oder?

Antwort:
Das ist so. Es klingt scheinbar grotesk, wenn man das sagt. aber wir leben in einer Verzichtskultur. Jeder von

uns hat zwanzig Alternativen, was er jetzt machen könnte, anstatt hier zu sitzen. Das kennzeichnet den Überfluss unserer westlichen Kultur. Diese Dinge drängen sich immer herein. Am besten können Sie das beobachten, wenn Sie ein Aphorismenbuch geschenkt bekommen. Dann lesen Sie einen Aphorismus. Großartig, sie freuen sich. Das ist ja sehr geistreich. Sie lesen den nächsten und bevor Sie den Aphorismus verarbeitet haben, lesen Sie schon den Dritten. Dann lesen Sie plötzlich einen und der heißt: Ein Aphorismus ist ein Edelstein, viele sind Sand. Das ist das, was Sie meinen. Die vielen Angebote der Kultur treiben uns immer aus der Gegenwart heraus. Deshalb geht es um diesen Verzicht. Wir müssen diesen Verzicht lernen üben. Jemand der beispielsweise in Botswana lebt, erlebt den Verzicht nicht so wie wir. Er hat einfach keine Alternativen in seiner Lebensgestaltung. Wir haben hundert Alternativen und das haut uns aus der Gegenwart heraus. Deshalb muss man bewusst diese Alternativen zurückdrängen und sagen, ich mache jetzt das. Das ist eine Bejahung des Augenblickes und des Ortes, eine Bejahung in Ort und Zeit. Das verlangsamt auf jeden Fall.

Professor Dr. med. Matthias Leschke

Stress, Herz und Kreislauf

Unter Stress leidet heutzutage fast jeder – zumindest zeitweilig: Der Vorgesetzte muss die Vorgaben der Geschäftsleitung erfüllen, der Angestellte wird von seinen Vorgesetzten unter Druck gesetzt, die Hausfrau hat Ärger mit den Kindern, die Kinder leiden unter Schulstress und nicht wenige Arbeitnehmer fürchten in Zeiten einer beginnenden Rezession um ihren Arbeitsplatz. Diese Liste ließe sich beliebig fortsetzen. Dass anhaltender Stress dem Organismus nicht gut tut, ist mittlerweile wohl bekannt. Vor allem in der Mitte des Lebens stellt chronischer Stress eine Gefahr für die Gesundheit dar.

Hatten zahlreiche Wissenschaftler vor einiger Zeit noch bezweifelt, dass sich chronischer Stress auch auf die Blutgefäße und damit auf das Herz-Kreislaufsystem auswirkt, sind sich mittlerweile die meisten einig, dass er sehr wohl Herz-Kreislauferkrankungen begünstigen kann.

Ein "gebrochenes Herz" schädigt den Herzmuskel

Dass Stress sich tatsächlich aufs Herz "schlagen" kann, zeigt ein sehr seltenes Krankheitsbild, die so genannte Stress-Kardiomyopathie *(auch Tako-Tsubo-Syndrom, transiente linksventrikuläre apikale Ballonierung oder Broken-Heart-Syndrom)*. Es handelt sich dabei um eine akut einsetzende und schwerwiegende Funktionsstörung des Herzmuskels. Die Symptome lassen an einen Herzinfarkt denken. Interessant ist, dass sie meistens unmittelbar nach einer außerordentlichen emotionalen oder körperlichen Belastung auftreten, also nach Stress.

Die Ursache dieser erst in den 1990er Jahren beschriebenen Störung ist unklar. Den meist deutlich erhöhten Blutspiegeln von Stresshormonen, insbesondere den körpereigenen Katecholaminen wie Adrenalin und Noradrenalin scheint eine entscheidende Bedeutung zuzukommen. Man vermutet, dass die stark erhöhte Katecholaminkonzentration die Aktivität des Herzmuskels dahingehend verändert, dass es zu einer Verkrampfung der Herzkranzgefäßwand oder zu einer Überladung mit Kalzium kommt. Ursache der erhöhten Katecholaminspiegel könnte eine Überaktivität des autonomen Nervensystems sein, das durch die plötzliche Stresssituation zu viele Stresshormone produziert. Im Akutstadium sind ernste und sogar lebensbedrohliche Komplikationen möglich.

Stress – die Managerkrankheit?

Manager und andere Entscheidungsträger in der Berufswelt tragen eine hohe Verantwortung, stehen dauerhaft unter Stress und sind deshalb wesentlich stärker gefährdet, stressbedingt zu erkranken – so lautete die herrschende Meinung in der Medizin vor nicht allzu langer Zeit. Doch seit einer Weile weiß man, dass dies nicht zutrifft, ganz im Gegenteil. Beruflich Erfolgreiche mögen zwar im Beruf ständig „unter Strom“ stehen, sie ziehen aus ihrer Tätigkeit jedoch auch viele Erfolgserlebnisse, u. a. gesellschaftliche Anerkennung und, nicht ganz unwichtig, sie erhalten in der Regel ein entsprechend hohes Gehalt. All das sorgt dafür, dass die meisten Entscheidungsträger ihre Anstrengungen als lohnenswert erachten. Dieser positive Stress, der die

Gesundheit nicht beeinträchtigt, sondern dem Leben erst seine Würze verleiht, wird daher auch als Eu-Stress bezeichnet.

Das genaue Gegenteil davon ist der so genannte Dis-Stress. Dieser tritt im Beruf vornehmlich dann auf, wenn die Arbeitsbelastung hoch ist, Erfolgserlebnisse jedoch dünn gesät sind – beispielsweise bei monotonen, immer wiederkehrenden Arbeitsvorgängen am Fließband oder bei LKW-Fahrern. Kommen dann noch Schwierigkeiten im Privatleben dazu, z. B. Probleme in der Partnerschaft oder mit den Kindern, nimmt das Unheil seinen Lauf – chronischer Stress ist vorprogrammiert.

Stressforscher haben festgestellt, dass solch chronischer, negativer Stress wesentlich häufiger in niedrigeren sozialen Schichten auftritt, die nicht nur beruflich oft unter Druck stehen oder die Arbeitslosigkeit vor Augen haben bzw. arbeitslos sind, sondern auch nicht gelernt haben, mit Stress umzugehen, ihn z. B. durch Sport oder Entspannung abzubauen oder Konflikte eigenständig zu lösen. Manager und ihnen in der beruflichen Hierarchie Gleichgestellte hingegen leiden nur selten unter chronischem Distress.

Was im Körper bei chronischem Stress vor sich geht

Stress ist eigentlich eine ganz natürliche körperliche Reaktion. Während einer Situation, die als potenziell gefährlich oder aufregend angesehen wird, schüttet der Körper bestimmte Hormone, die so genannten Stresshormone Adrenalin und Noradrenalin, aus, die den Organismus in eine höhere Leistungsbereitschaft versetzen. Körper und Gehirn reagieren schneller – man befindet sich sozusagen auf dem Sprung. Die Nebennierenrinde gibt während der Stressreaktion einen weiteren Stoff ans Blut ab, nämlich das Hormon Cortisol, aus, das einen Blutdruckanstieg bedingt, so dass der Körper schneller reagieren kann. Genauso erhöhen sich die Blutzuckerwerte, um Gehirn und Körper besser mit Energie zu versorgen.

Durch eine erhöhte Leistung, z. B. körperliche Betätigung, werden diese Stresshormone normalerweise vom Körper abgebaut und der Organismus wird in seinen „Normalzustand" zurückversetzt. Die Stresssituation ist vorüber. Bei chronischem Stress ist das jedoch leider nicht der Fall. Insbesondere die Cortisolwerte bleiben auf einem höheren Stand. Das führt erstens zu einer Schwächung des Immunsystems, also der körpereigenen Krankheitsabwehr, weil Cortisol nicht nur den Blutdruck ansteigen lässt, sondern auch die Immunabwehr einschränkt. Zweitens bleibt der Blutzuckerspiegel hoch, wodurch die Entstehung von Diabetes mellitus, der Zuckerkrankheit, begünstigt wird. Zudem kann chronischer Stress die Veränderung von Blutgefäßen zur Folge haben. Die Blutgefäße verkrampfen und verengen sich, der Blutdruck steigt dauerhaft und damit auch das Risiko für Herz-Kreislauferkrankungen.

Chronischer Stress führt zudem dazu, dass sich viele Betroffene Möglichkeiten zur „Stressbewältigung" suchen, die ihren Gesundheitszustand noch verschlechtern. Dazu zählen das Rauchen und der übermäßige

So erholen Sie sich richtig

- Machen Sie sich klar, dass Sie einen entscheidenden Anteil daran haben, wie gut Sie sich erholen.

- Achten Sie auf die Erholungssignale Ihres Körpers und nehmen Sie diese ernst. Lernen Sie, die Alarmsignale Ihres Körpers wahrzunehmen und ihnen nachzugeben. Interpretieren Sie sie nicht als Störungen, die es zu ignorieren gilt, sondern als hilfreiche Zeichen.

- Schalten Sie rechtzeitig von Arbeit auf Erholung und von Erholung auf Arbeit um. Wechseln Sie die Perspektive, gönnen Sie sich mehr Erholung und stellen Sie fest, dass Sie durch Pausen nichts verlieren, sondern durch höhere Effizienz Zeit gewinnen.

- Verschaffen Sie sich räumliche und innere Distanz zu den Alltagsbelastungen. Machen Sie die Tür hinter sich zu und genießen Sie die Erholung.

- Erholung ist eine wichtige Aufgabe für jeden. Setzen Sie sich aber nicht unter Leistungsdruck. Nehmen Sie sich nicht zu viel vor, sondern ver schaffen Sie sich genügend Freiräume, in denen Sie ohne Hektik Ihr Tun genießen können.

- Starten Sie möglichst nicht unmittelbar nach Arbeitsende in den Urlaub, kehren Sie nicht am Abend vor Arbeitsbeginn nach einer ermüdenden Fahrt zurück: Sonst fehlt Ihnen wichtige Zeit, die Ihnen eine allmähliche Umorientierung ermöglicht.

- Sichern Sie sich die im Urlaub gewonnene Erholung für den Alltag. Starten Sie beispielsweise nach einem Urlaub mit leichteren Arbeitsaufgaben und setzen Sie zu Hause Ihre Urlaubsgewohnheiten (lesen, Sport treiben, in Ruhe essen) fort.

- Gönnen Sie sich jeden Tag ein wenig Erholung. Das ist besser, als Erholung en bloc auf das Wochenende oder den Urlaub zu schieben.

- Setzen Sie Bewegung ein, um sich zu erholen. Laufen, Radfahren, Schwimmen und Gymnastik sind ideale Möglichkeiten, wenn sie ohne Leistungsdruck betrieben werden.

- Genießen Sie mit gutem Gewissen das Nichtstun. Die Erholungszeit muss nicht wie die Arbeitszeit verplant sein. Schaffen Sie sich Freiraum zur Selbstbesinnung.

Konsum von Alkohol, aber auch das „Frustessen“ und die damit oft verbundene Gewichtszunahme. Viele versuchen ihren Stress abzubauen, indem sie sich auf's Sofa legen und vermeintlich entspannende Sendungen im Fernsehen anschauen. Doch auch dies verschlechtert den Gesundheitszustand eher noch, denn wer sich nur wenig bewegt, ist weniger leistungsfähig und kann Stress schlechter verarbeiten. Durch all diese Verhaltensweisen erhöht sich das Risiko für Arterienverkalkung und damit für Herz-Kreislauferkrankungen wie den Herzinfarkt, aber auch für Diabetes und andere so genannte Zivilisationskrankheiten.

Wer ist besonders stressgefährdet?

Es gibt Persönlichkeitstypen, die besonders stressanfällig sind. Das sind diejenigen, die schlecht „Nein“ sagen können, sich stets mehr Arbeit aufhalsen lassen, als sie eigentlich müssten, eine negative Lebenseinstellung haben oder zu übermäßigen Ängsten und Sorgen neigen. Auch Perfektionisten, die glauben, keine Fehler machen zu dürfen, und keine Aufgaben delegieren können, sondern lieber alles selbst erledigen, sind stressgefährdet.

Ein gewisses Maß an Stress ist heutzutage wohl unvermeidlich. Es darf nur nicht zu viel werden. Wichtig ist außerdem, wie man mit Stresssituationen umgeht. Reagieren Sie bei Stress immer gleich hektisch und kopflos, statt das Problem ruhig und gelassen Schritt für Schritt anzugehen? Ärgern Sie sich häufig über Kleinigkeiten und bekommen dann immer gleich Herzklopfen, oder

Ihr Blutdruck schießt in die Höhe? Dann gehören Sie zu den Typen, bei denen Stress eine besondere Gefährdung für Herz und Kreislauf darstellt.

Früher glaubte man, der Herzinfarkt sei eine typische Managererkrankung. Inzwischen wissen wir jedoch, dass nicht die „Topmanager“ – also nicht die Erfolgreichen unserer Leistungsgesellschaft –, sondern eher die sozial Unterprivilegierten einen Herzinfarkt erleiden. Denn beruflicher Erfolg, Anerkennung, Bestätigung und das Gefühl, am Arbeitsplatz seine persönliche Berufung zu erfüllen, schützen vor chronischem Stress. Wenn man den Eindruck hat, für seine Leistung angemessen belohnt zu werden, und gesellschaftliche Anerkennung erfährt, hat man trotz hoher Verausgabung ein wesentlich geringeres Risiko, einen Herzinfarkt zu erleiden.

Ein berühmter deutscher Stressforscher, Johannes Siegrist vom Universitätsklinikum Düsseldorf, hat diese Zusammenhänge untersucht und gezeigt, dass gerade Angehörige niedriger sozialer Schichten besonders durch chronischen Disstress gefährdet sind und ein erhöhtes Herzinfarktrisiko haben.

In diesem Zusammenhang ist interessant, dass mentaler Stress auch zu einer spastischen Veränderung der Gefäße, also zu einer Verkrampfung der Arterien führen kann. Risikofaktoren wie beispielsweise Diabetes mellitus gehen mit einer funktionellen Störung der Gefäßerweiterung in Stresssituationen einher. Dies hat man in wissenschaftlichen Experimenten (z. B. indem man Probanden Rechenaufgaben lösen oder Horrorfilme anschauen ließ) nachgewiesen. Emotionale Stressreaktionen können also bei hierfür empfänglichen Personen zu einer Verkrampfung der Gefäße und damit zu einer schlechteren Durchblutung führen, was das Risiko für einen Herzinfarkt oder Schlaganfall erhöht.

Erst in den letzten Jahren hat sich außerdem gezeigt, dass Depressionen, die nach einem Herzinfarkt oder einer anderen Herzerkrankung häufig auftreten, mit einer deutlich schlechteren weiteren Überlebenswahrscheinlichkeit verbunden sind. Depressive Verstimmungen sollte man also schon allein aus diesem Grund nicht auf die leichte Schulter nehmen, weil sie bei Herz-Kreislauf-Patienten die Prognose verschlechtern.

Frauen und Stress

Früher ging die Medizin davon aus, dass Frauen Stress besser verarbeiten könnten als Männer, u. a. da sie eher bereit sind, mit anderen über ihre Probleme zu sprechen, sie sich also „vom Herzen zu reden". Doch mittlerweile hat man festgestellt, dass auch Frauen stärker unter psychosozialem Stress leiden, als angenommen, und dass sich dieser auch auf ihr Herz-Kreislaufsystem negativ auswirkt. So fand man z. B. heraus, dass 8–10% der Frauen, die einen Herzinfarkt erleiden, keine Veränderungen an den Herzkranzgefäßen aufweisen, die Durchblutung des Herzens dennoch massiv gestört ist. Die Ursache: erhebliche Störungen der kleinen Arterien infolge großen dauerhaften Stresses.

Bei Frauen ist vieles anders, z. B. die Symptome bei einer Angina pectoris oder einem Herzinfarkt: Sie leiden nicht unter dem klassischen Herzschmerz, sondern eher unter Luftnot oder sonstigen atypischen Beschwerden. Etwa 8 bis 10 % aller Herzinfarkte bei Frauen laufen völlig atypisch ab: Dabei ist die Durchblutung des Herzmuskels gestört, obwohl die Herzkranzgefäße nicht krankhaft verändert sind. Dies ist auf eine erhebliche Durchblutungsstörung in den kleinen Arterien aufgrund einer sehr hohen Ausschüttung von Stresshormonen (Katecholaminen) bei Frauen zurückzuführen, wodurch eine charakteristische Funktionsstörung der linken Herzkammer resultiert. Bei Frauen, die unter erheblichem psychosozialem Stress leiden, kommt diese Form des Herzinfarkts daher besonders häufig vor.

Diesen Befund hat man erst in den letzten zwei Jahren richtig zu deuten gelernt. Für dieses Phänomen einer Funktionsstörung der linken Herzkammer, die in der Regel umkehrbar ist, gibt es offenbar besondere stressbedingte Auslöser. Man hat hundert Frauen, die diese Art von Herzinfarkt erlitten, untersucht und festgestellt: 26 dieser Frauen waren zuvor emotionalem Stress (z. B. Tod eines Familienmitgliedes, Erkrankung, Autounfall, Scheidung etc.) ausgesetzt gewesen. All diese Stressfaktoren können also einen Herzinfarkt auslösen, und Frauen sind für solche Durchblutungsstörungen des Herzmuskels offenbar anfälliger als Männer. Sie sollten Dauerstress daher als ernstzunehmendes Warnsignal betrachten und versuchen, dagegen anzugehen, oder sich zumindest konsequent bemühen, andere Risikofaktoren (z. B. Rauchen, Bewegungsmangel etc.) auszuschalten oder zu minimieren. Besonders gefährlich ist die Kombination aus Rauchen und Einnahme der Antibabypille, die das Herzinfarktrisiko durch ver-

TEST: Wie stressgefährdet sind Sie?

Je mehr der folgenden Fragen Sie mit Ja beantworten, umso gefährdeter für chronischen Stress sind Sie. Suchen Sie möglichst rasch nach Auswegen – treiben Sie Sport, suchen Sie sich Gesprächspartner, mit denen Sie über Ihre Probleme reden können, oder nehmen Sie professionelle Hilfe (z. B. eine Psychotherapie) in Anspruch.

❶ Können Sie schlecht Nein sagen?

❷ Machen Sie sich häufig Sorgen über Dinge, die Sie nicht ändern können?

❸ Sind Sie eher grüblerisch veranlagt?

❹ Gehören Sie zu den Menschen, die es immer allen recht machen wollen?

❺ Haben Sie einen Perfektionsanspruch an sich selbst?

❻ Können Sie nur schlecht Arbeiten an andere abgeben, aus Angst, diese könnten sie weniger gut erledigen als Sie selbst?

❼ Ärgern Sie sich oft über Dinge, die andere rasch wieder vergessen?

❽ Reagieren Sie auf berufliche Anforderungen schnell hektisch?

❾ Können Sie negative Gedanken nur schwer abschütteln?

stärkte Gerinnungsneigung des Blutes und erhöhte Spasmusneigung der Herzkranzgefäße drastisch erhöht.

Auch Interleukine gefährden bei dauerhafter Anspannung das Herz

Doch nicht nur die eben genannten Faktoren spielen eine Rolle bei der Entstehung stressbedingter Herz-Kreislauferkrankungen, sondern anscheinend auch andere vom Körper während der Stressreaktion gebildete Stoffe, z. B. bestimmte Interleukine. Diese Substanzen, so Forscher von der Charité Berlin, sorgen dafür, dass sich vermehrt Immunzellen an der Innenwand von Blutgefäßen ablagern, wodurch die Arteriosklerose, die Verkalkung und Verengung von Blutgefäßen, fortschreitet. Auch auf diese Weise begünstigt chronischer Stress somit die Entstehung von Herzinfarkten und Schlaganfällen.

Herz und Kreislauf schützen, Stress abbauen

Gezielte Entspannung, z. B. mit Hilfe von Yoga, autogenem Training oder der Muskelentspannung nach Jacobsen, trägt zum Stressabbau bei. Diese Entspannungstechniken sollte man unter sachkundiger Anleitung erlernen, damit sie Wirkung zeigen. Wer Probleme hat, Konflikte zu erkennen und/oder zu lösen bzw. beispielsweise infolge eines traumatischen Ereignisses unter sehr großer innerer Anspannung leidet, ist gut damit beraten, sich an jemanden zu wenden, der ihm Hilfestellung gibt. Gute Ansprechpartner sind dafür z. B.

Psychotherapeuten. Auf dass der Stress keine Chance bekommt, das Herz bzw. den Organismus ganz allgemein zu schädigen!

Sport treiben – ja, dann aber richtig

Insbesondere Personen, die unter chronischem Distress leiden, sollten Möglichkeiten des Stressabbaus für sich persönlich finden. Am einfachsten bringt man die im Körper zirkulierenden Stresshormone durch Bewegung zum „Verschwinden". Wer zwei-, dreimal die Woche auch nur eine halbe Stunde Sport treibt, sorgt schon für einen erheblichen Stressabbau. Und der ist sogar relativ schnell spürbar: Nach dem Sport fühlt man sich im Allgemeinen zwar körperlich erschöpft, aber geistig erfrischt bzw. erholt. Hinzu kommt, dass Bewegung zu einem erholsamen Schlaf beiträgt. Dieser wiederum sorgt ebenfalls für den Abbau von Stress. Allerdings sollten Untrainierte ab etwa dem Alter von 35– 40 Jahren zunächst ihren Arzt fragen, ob und welche körperlichen Anstrengungen sie sich unbesorgt zumuten können.

Wir alle wissen, dass regelmäßige Bewegung Herz und Kreislauf gesund erhält – auch wenn wir dies vielleicht nicht immer beherzigen. Tatsächlich lässt sich durch regel-mäßiges körperliches Training (ideal: eine halbe Stunde täglich oder zumindest *fast* täglich) das Risiko eines Herzinfarkts oder Schlaganfalls deutlich senken.

Dies gilt jedoch nur für aktives Training und nicht für den Lieblingssport des Deutschen: die abendliche

Sportschau oder den sonntäglichen Gang ins Fußballstadion. Solcher „Passivsport" kann sogar gesundheitsschädlich sein, nämlich dann, wenn man sich als Fan zu sehr in sein Hobby hineinsteigert und sich jedes Mal furchtbar aufregt, wenn die eigene Lieblingsmannschaft verliert. Hierzu gibt es wissenschaftliche Untersuchungen, die im Rahmen der Fußballweltmeisterschaft durchgeführt wurden. Bei der Fußball-WM im Jahr 1998 gewann Frankreich das Spiel gegen Brasilien mit 3:0. Man hat in den Tagen vom 10. bis 17. Juli die Anzahl der plötzlichen Herztode in diesen beiden Ländern registriert: Als Frankreich gewann, nahm die Herztodrate in Brasilien rapide zu. Und als die Niederländer im Juni 1998 beim Elfmeterschießen gegen Frankreich verloren, verdoppelte sich an diesem Tag durch den Stress, den dieses Spiel verursacht hatte, die Anzahl der plötzlichen Herztodesfälle. Ähnliche Untersuchungsergebnisse zum Anstieg der Herztodrate nach Fußballspielen liegen auch für die Schweiz vor. Damit rücken wichtige Fußballspiele und andere sportliche Ereignisse hinsichtlich ihres Stresspotenzials in die Nähe von Erdbeben, nach denen die Anzahl der plötzlichen Herztode ebenfalls drastisch ansteigt.

Das traurige Fazit: Sport kann tatsächlich „Mord" sein – aber nur, wenn man ihn nicht richtig betreibt. Mit „plötzlichem Herztod" ist der akute Herztod gemeint, bei dem ein Mensch plötzlich bewusstlos zusammenbricht und (wenn nicht sofort entsprechende Wiederbelebungsmaßnahmen eingeleitet werden) innerhalb der nächsten Stunde stirbt. Dabei kommt es zum Kreislaufstillstand durch Kammerflimmern, eine lebensbedrohliche Herzrhythmusstörung. Diesen plötzlichen

Herzstillstand überleben nur 4 % der Patienten, zumal er sich meistens zu Hause ereignet. Die häufigsten Ursachen des plötzlichen Herztods sind bestimmte Herzrhythmusstörungen, ein akuter Herzinfarkt oder eine Pumpschwäche des Herzens (Herzinsuffizienz) aufgrund einer bereits durchgemachten Herzerkrankung. Aber auch die Einnahme von Rausch- und Aufputschmitteln wie beispielsweise Kokain erhöhen das Herztod-Risiko.

Auch hierbei scheint Stress eine wichtige Rolle zu spielen, und zwar keineswegs nur der Stress beim Sportkonsum: Statistische Untersuchungen haben ergeben, dass das Risiko eines plötzlichen Herztodes schon in der Nacht von Sonntag auf Montag zunimmt. Das unangenehme Gefühl im Magen beim Gedanken an die bevorstehende Arbeitswoche, das morgendliche Aufstehen, möglicherweise auch eine vermehrte sexuelle Aktivität am Wochenende – all diese Stressfaktoren können in ihrer Kombination miteinander das Herz so belasten, dass es plötzlich schlappmacht.

Um wieder auf den Sport zurückzukommen: Jeder sollte, um sein Herz-Kreislauf-Risiko zu senken, regelmäßig einer sportlichen Aktivität nachgehen. Ganz besonders gilt dies natürlich für Menschen, die bereits andere Risikofaktoren wie z. B. Bluthochdruck, erhöhte Cholesterinwerte oder Diabetes aufweisen. Aber es gibt nichts Schlimmeres, als wenn man ohne vorherige Absprache mit dem Arzt in völlig untrainiertem Zustand plötzlich beginnt, intensiv Sport zu treiben. Das erhöht das Herz-Kreislauf-Risiko um das Hundertfache! 16 bis 17 % aller plötzlichen Herztode ereignen sich bei körperlicher Anstrengung.

Wenn Sie bisher noch keinen Sport getrieben haben und nun damit anfangen möchten, sollten Sie sich also zunächst einmal kardiologisch untersuchen lassen und dann gemeinsam mit Ihrem Arzt einen sinnvollen Plan für Ihr körperliches Training aufstellen. Wichtig ist auch, dass die sportliche Aktivität Ihnen Spaß machen sollte. Wer Sport nur aus Ehrgeiz betreibt und sich - sei es im Wettkampfsport oder beim Fitnesstraining in der „Muckibude" - zu hohe Leistungen abverlangt, schadet seinem Herzen mehr, als er ihm nützt.

Stress und Schlaf

Stress kann sich natürlich auch negativ auf den Schlaf auswirken. Menschen, die an Schlafstörungen leiden, haben nachts einen erhöhten Stresshormonspiegel. So ist bei ihnen z. B. der Kortisolspiegel, der normalerweise nachts abfällt, erhöht, was das Risiko für viele Erkrankungen (Osteoporose, Diabetes, Bluthochdruck etc.) erhöht.

Schlafstörungen münden häufig in einen Teufelskreis: Wenn man - durch akuten Stress bedingt - eine Zeitlang schlecht geschlafen hat, „verselbstständigt" diese Schlafstörung sich häufig; das heißt, man schläft auch dann noch weiterhin schlecht, wenn die Stresssituation schon längst wieder vorüber ist. Die Angst vor durchwachten Nächten, die viele Schlafgestörte im Lauf der Zeit entwickeln, verschlimmert das Problem weiter - denn Schlaf lässt sich nicht erzwingen.

Schlaf dient nicht nur der körperlichen und geistigen Regeneration, sondern auch dazu, belastende Erlebnisse und Stresssituationen, die man tagsüber erlebt hat, zu verarbeiten und abzubauen. Chronischer Schlafmangel erhöht daher die Stressbelastung und somit auch das Herz-Kreislauf-Risiko. Wer unter Schlafstörungen leidet, sollte sich also nicht einfach damit abfinden oder das Problem auf die leichte Schulter nehmen, sondern ärztliche Hilfe suchen. Mittlerweile bieten Schlafexperten Schlafschulkurse an, in denen man lernt, seine persönlichen Stressfaktoren in den Griff zu bekommen und abends vor dem Einschlafen abzuschalten. In diesen Kursen werden Entspannungsverfahren gelehrt, und man erfährt auch, wie man optimale Bedingungen für einen guten, erholsamen Schlaf (so genannte „Schlafhygiene“) schaffen kann. In schwierigen Fällen – z. B. bei starkem Stress oder belastenden Lebensereignissen, die sich nicht so leicht bewältigen lassen – sollte man sich auch nicht scheuen, die Hilfe eines Spezialisten in Anspruch zu nehmen und den hartnäckigen Schlafproblemen mithilfe einer Psychotherapie oder Gesprächstherapie auf den Grund zu gehen.

In schwereren Fällen kann es sein, dass Schlafhygiene, Entspannungsverfahren und Psychotherapie nicht ausreichen, um das Schlafproblem in den Griff zu bekommen. Dann ist oft eine vorübergehende Behandlung mit rezeptpflichtigen Schlafmitteln unausweichlich, um den Teufelskreis der Schlafstörung zu durchbrechen. Das Endziel besteht jedoch immer darin, einen ausreichenden, erholsamen Schlaf ohne medikamentöse Dauertherapie zu erreichen, da viele Schlafmittel langfristig abhängig machen oder irgendwann ihre Wirkung einbüßen.

Wichtig ist es, sich bei chronischen Schlafstörungen, die die verschiedensten Ursachen haben können, in die Behandlung eines Spezialisten zu begeben. Die optimale Anlaufstelle ist ein Schlaflabor, wo der Nachtschlaf genau untersucht und gemessen und anschließend eine „maßgeschneiderte“ Therapie eingeleitet werden kann.

Menschen, die genügend schlafen, werden seltener krank, haben ein leistungsstärkeres Immunsystem und können den Stress des Alltags besser verkraften. Selbst das Diabetesrisiko sinkt durch ausreichenden Schlaf.

Zu lange zu schlafen, scheint sich aber wiederum auch nicht vorteilhaft auszuwirken. Eine neuere Untersuchung hat nämlich gezeigt, dass Menschen, die im Durchschnitt sieben Stunden pro Nacht schlafen, das niedrigste Herz-Kreislauf-Risiko haben. Weniger als sieben Stunden Schlaf (also z. B. nur fünf Stunden) scheinen nicht optimal zu sein: „Kurzschläfer“ leben kürzer. Wer besonders lange schläft (also z. B. neun Stunden pro Nacht oder noch mehr), bei dem erhöht sich das Herz-Kreislauf-Risiko und die Sterblichkeit aber auch wiederum. Die Devise lautet also: Schlafen – ja, aber alles mit Maß und Ziel! Übertreibung ist in allen Lebensbereichen kontraproduktiv.

Interview mit Dr. med. Frank Meyer

Stress bewältigen - Krankheiten vorbeugen

Was ist Stress und wie beeinflusst er den Menschen?
Eckhart Tolle hat Stress in seinem Bestseller JETZT! Die Kraft der Gegenwart sehr treffend definiert: Stress wird verursacht, wenn du „hier" bist, aber „dort" sein willst, wenn du in der Gegenwart bist, aber in der Zukunft sein willst. Das bedeutet, wenn wir nicht bei dem sind, was wir gerade fühlen, denken und tun, dann entsteht Stress. Aufmerksamkeit, Konzentration und Kontrolle lassen nach, wir werden nervös, und vielfältige körperliche Symptome treten auf.

Wie äußern sich typische erste Beschwerden?
Das reicht von Verspannungen und Schmerzen bis hin zu nervösen Herz-Kreislauf- und Atembeschwerden oder Verdauungsstörungen. Viele Menschen stehen so unter Stress, dass sie diese Signale überhaupt nicht mehr wahrnehmen. Sie halten die Stress-Situation für ihren Normalzustand. Wenn sie dennoch einen Arzt aufsuchen, kann dieser oft keine krankhaften körperlichen oder laborchemischen Befunde erheben. Wir sprechen bei solchen leichteren, aber trotzdem ernstzunehmenden, mit Stress assoziierten Störungen auch von funktionellen Krankheitsbildern. Diese psychosomatischen Störungen werden häufig verkannt. Werden die Patienten dann mit dem Gefühl entlassen, ihre Beschwerden sein nur psychisch, also eingebildet, dann werden das Unbehagen und der Stress oft noch zusätzlich verstärkt. Schließlich will niemand als Hypochonder dastehen.

Gibt es auch einen speziellen Herzstress?
Häufig zeigt sich bei Herzerkrankungen als Lebensproblem ein Verlust der Rhythmen, aber auch die wahllose

Verschwendung von Kräften. Letzteres ist bei den sogenannten Herztypen der Fall. Mit ihrem sonnigen Gemüt gehen sie alle Herausforderungen tatkräftig und mit freudiger Zuversicht an. Ihre Begeisterung und die positive Bestätigung, die sie für ihr oft uneigennütziges Handeln erhalten, schlagen jedoch leicht um in einen oberflächlichen, erschöpfenden Lebensrausch, einen Höhenflug, auf den ein jäher Absturz folgt. Mögliche Folgen sind dann eine Blutdruckkrise oder gar ein Herzinfarkt. Herztypen sind häufig Workaholics, die ihren beruflichen Stress oft durch Missbrauch von Stimulantien wie Kaffee und Zigaretten oder mit anderen Genussmitteldrogen und Medikamenten zu bewältigen versuchen.

Gibt es eine Art Konstitutionsmittel für diesen Herztypen?

In der Anthroposophischen Medizin verfügen wir über sogenannte Typenmittel, die ich verwende, um den Organismus gezielt vor den organischen Auswirkungen von Stress zu schützen. Sie eignen sich bestens zur Langzeiteinnahme. Das Typenmittel für Herz und Kreislauf ist eine Komposition aus den Blättern von Bilsenkraut sowie den Blüten der Primel und der Eselsdistel. Dieses Mittel, das von Rudolf Steiner zur Regulation der Herztätigkeit entwickelt wurde, gehörte bereits zu den ersten anthroposophischen Arzneimitteln. Es ist heute als *Cardiodoron mite* auch als Arzneimittel für die Selbstmedikation verfügbar. Weil es die Beschwerden bei niedrigem Blutdruck lindert, hat es Verbreitung als Kreislaufmittel gefunden. Es wirkt sich aber nicht nur auf die Blutdruckregulation aus, sondern verbessert, wie in Doppelblindstudien nachgewiesen werden konnte, die

Herzfrequenzvariabilität und reguliert die Abstimmung von Herzrhythmus und Atemrhythmus in einem ganz umfassenden Sinne.

Ist die Herzgesundheit auch eine Frage der Lebenseinstellung?
Herzstress ist meist eine Herausforderung zur Entwicklung von Herzintelligenz im Sinne von besonnener Gelassenheit. Diese Eigenschaft wurde im antiken Griechenland, wo auf Diätetik, auf Lebensweise und Prophylaxe noch größerer Wert gelegt wurde als auf Krankenbehandlung, einst *Sophrosyne* genannt. Sie kommt am trefflichsten in den beiden überlieferten Inschriften vom Apollo-Tempel in Delphi zum Ausdruck: Erkenne Dich selbst und - Nichts im Übermaß. Letzteres gilt für Vergnügen und Arbeit gleichermaßen. Es kommt darauf an, das richtige Maß zu finden, Erholung und Arbeit, Ruhe und Aktivität, Müßiggang und Verpflichtungen ins richtige Verhältnis zu setzen.

Und wie finden wir zu mehr Gelassenheit?
Indem wir mehr auf unsere Gefühle achten. Bereits ein einziger Ehestreit führt zu nachweisbaren Schäden an unseren Blutgefäßen. Dabei kommt es gar nicht so sehr darauf an, was der andere sagt, sondern was wir daraus machen. Wenn mich beispielsweise jemand zu beleidigen versucht, dann kann ich reflektorisch auf diese Beleidigung reagieren, indem ich sie als Herabsetzung meiner Person erlebe und wütend werde. Wütend zu werden bedeutet, den Organismus einem Feuerwerk von Stress auszusetzen. Ich kann aber auch versuchen, erst einmal tief durchzuatmen, einen Moment innezuhalten und die Gefühle, die diese Äußerung in mir aus-

löst, wahrzunehmen. Und ihnen dann mit der Überlegung entgegentreten, dass diese Beleidigung doch gar nichts über den Wert meiner Person aussagt. Wenn mir das gelingt, werde ich nicht nur in dem Konflikt eine sehr viel gelassenere und souveränere Position einnehmen, sondern auch die körperlichen Folgen einer erlebten Kränkung - wie die Ausschüttung von Stresshormonen etwa und die Aktivierung des Sympathikus mit stimulierenden Einflüssen auf Herz, Kreislauf und Butdruck - in sehr viel geringerem Maße erleiden. Es geht bei der Entwicklung von Gelassenheit also nicht darum, kalt und gefühllos zu werden. Es kommt darauf an, einen achtsamen Umgang mit seinen Gefühlen zu erlernen. Daniel Goleman hat diese Fähigkeit Emotionale Intelligenz, EQ, genannt. Emotionale Intelligenz hat eine wichtige soziale und kulturelle Bedeutung, indem sie uns um die vielfältigen Möglichkeiten gewaltfreier Kommunikation und Konfliktlösung bereichert - vor allem aber verhilft sie uns zu einem gewaltfreien, gesunden Umgang mit uns selbst.

Welche langfristigen Folgen, neben den Herzerkrankungen, können infolge von Dauerstress auftreten?
Praktisch alle sogenannten Zivilisationskrankheiten, bis hin zum Altersdiabetes und zur Osteoporose, entstehen im Zusammenhang mit Stress. Auch Krebserkrankungen werden durch Stress begünstigt. Der Begriff Stress stammt ursprünglich aus der Werkstoffkunde und galt als Maß für die Spannung, unter der ein Werkstück steht. Wenn man diesen Vergleich auf den menschlichen Organismus überträgt, dann haben wir alle eine Sollbruchstelle, an der Stress zunächst zu funktionellen Beschwerden und auf Dauer dann zu körperlichen

Erkrankungen führt. Stress hat viele Gesichter. Derselbe Auslöser, der bei dem einen Menschen zu Zwölffingerdarmgeschwüren führt, kann bei einem anderen Bluthochdruck auslösen.

Also reagieren Menschen individuell auf Stress?
Welcher Stresstyp wir sind, hängt von unserer vererbten und erworbenen Konstitution ab. Entsprechend vielfältig sind die Behandlungsnotwendigkeiten. Magenstress beispielsweise, kann man mit einer pflanzlichen Mischung, die Enzian, Brechnuss *(Nux vomica)* und Muskatnuss *(Nux moschata)* enthält, vielfach erfolgreich behandeln, nervöse Herzbeschwerden hingegen können durch die äußere Anwendung einer goldhaltigen Salbe gebessert werden. Es gibt jedoch ein Mittel, das für alle Stresstypen in Betracht kommt und das besteht darin, das rhythmische System durch eine achtsame, rhythmisch strukturierte Lebensweise zu stärken.

Wie lässt sich dem Verlust der Rhythmen im stressigen Alltag entgegenwirken?
Alle biologischen Rhythmen in unserem Organismus sind miteinander gekoppelt und wie die Stimmen in einem Orchesterwerk aufeinander bezogen und abgestimmt. Deshalb wirkt sich eine rhythmische Lebensweise unmittelbar stabilisierend auf den Herzrhythmus und auf die rhythmischen Vorgänge in anderen Organsystemen, etwa auf die Verdauungsrhythmen, aus. Berufstätige Menschen sollten versuchen, ihren Arbeitstag im Sinne des sogenannten basalen Aktivitätszyklus *(BRAC - basic rest-activity cycle)* zu gestalten. Wenn auf eine Aktivitätsphase von circa 90 Minuten keine Erholungsphase von circa 20 Minuten folgt, dann sind wir in

der Regel im Sinne des Zitates von Eckhart Tolle nicht mehr bei der Sache, wir schweifen ab und es treten Stresssymptome auf. Wenn es nicht möglich ist, nach eineinhalb Stunden eine entsprechende Pause einzulegen, dann sollten in dieser Zeit zumindest weniger anstrengende Tätigkeiten erfolgen.

Welche äußeren Rhythmen sind außerdem wichtig?
Besonderer Wert ist auf den Schlaf-Wach-Rhythmus zu legen. Epidemiologische Untersuchungen haben gezeigt, dass langjährige Störungen dieses Rhythmus, etwa bei Krankenschwestern mit Schichtdienst oder Flugbegleitern mit häufigem Jetlag, das Risiko an Krebs zu erkranken erhöhen. Zur Schlafhygiene gehört es auch, dass in den Abendstunden keine großen Anstrengungen mehr unternommen werden. Hingegen können Schlafvorbereitungen wie eine Meditation, die Rückschau auf die Tageserlebnisse oder das Führen eines Tagebuches hilfreich sein. Der Atemrhythmus und die Gliedmaßenrhythmen beim Gehen sind besonders eng mit dem Herzrhythmus koordiniert.
Gerade bei unrhythmischer, bewegungsarmer Lebensweise ist es sinnvoll, die Abgleichung dieser Rhythmen wieder neu zu suchen und damit sein rhythmisches System gewissermaßen zu kalibrieren. Das geht einerseits mit einfachen Atemübungen, bei denen man den Atem ruhig ein- und ausströmen lässt, andererseits durch achtsames Gehen, beispielsweise in Form einer Gehmeditation, die im Buddhismus fester Bestandteil der Achtsamkeitspraxis ist und auch im Westen immer mehr Verbreitung findet. Eurythmisches Schreiten, auch im Rahmen von Heileurythmie, Sprachtherapie oder Musiktherapie als spezielle künstlerische Therapieformen

der anthroposophischen Medizin sind besonders geeignet, eine medikamentöse Behandlung von stressassoziierten Erkrankungen zu begleiten und zu unterstützen.

Die Fragen stellte Christoph Moeldner.

Weiterführende Literatur

Leben in Hier und Jetzt:
Eckhart Tolle, JETZT! Die Kraft der Gegenwart. Ein Leitfaden zum spirituellen Erwachen, Bielefeld 2002, €19,50. Erhältlich beim info3-Buchversand, Bestellnummer XI067

Achtsamkeitsbasierte Stressreduktion:
Jon Kabat-Zinn, Zur Besinnung kommen. Die Weisheit der Sinne und der Sinn der Achtsamkeit in einer aus den Fugen geratenen Welt, Freiburg 2006, € 29,90. Erhältlich beim /n/bj-Buchversand Bestellnummer XI313

EQ.:
Daniel Goleman, Emotionale Intelligenz, München 1997, €8,90. Erhältlich beim /n/bi-Buchversand, Bestellnummer XI314

Typenmittel:
Otto Wolff, Heilmittel für typische Krankheiten. Zu den von Rudolf Steiner methodisch neu konzipierten Heilmitteln aus Organerkenntnis, Stuttgart 1996, € 9,50. Erhältlich beim info3-Buch Versand, Bestellnummer XI315